だいわ文庫

いい女は
「ひとり時間」で磨かれる

中谷彰宏

大和書房

【この本は、３人のために書きました。】

①　一人の時間を、持て余している人

②　何か新しいことを始めたいと思っている人

③　一人の時間に成長したいと思っている人

01

二人でゴキゲンになれる人は、一人でもゴキゲンでいられる人だ。

人と会えなくなると、今まで元気だった人が急に元気がなくなることがあります。

二人以上ならゴキゲンになれるけれども、一人ではゴキゲンではないという状態です。

友達や恋人が、目の前で一緒にいる時はゴキゲンなのです。

相手も自分も仕事が忙しくてなかなか会えないという時もあります。

会えない時に恋人がゴキゲンでいてくれないとハラハラしてしまいます。

「会えない時は寂しがっていないかな」「へこんでいるんだろうな」「不機嫌になっているんじゃないかな」と、会っている時にも感じられるのです。

会っていない時もゴキゲンでいる人が、「この人に会いたいな」と思われる人です。

会食がなかなかしにくい状況で、お店で一人でごはんを食べる人は多いです。

その時、

① 一人で不機嫌な感じの人

② 一人でゴキゲンな人

の2通りに分かれます。

一人でゴキゲンな人は、はたから見ていて感じがいい。

何もしなくても、一人でごはんを食べながらゴキゲンな人は、素敵な女性です。

人と会っている時ははしゃいでいるけれども、一人の時は不機嫌になる人は、メンタル的にまだお子様です。

せっかく一人の時間ができた時は、ゴキゲンでいればいいのです。

誰かと一緒にいる時しかゴキゲンでいられない人は、人から与えられてゴキゲンになっているだけです。

一人でゴキゲンな人は、自分で自分をゴキゲンにする方法を知っています。

たとえば、一人でごはんを食べて「今日のハンバーグ、おいしい」と感じられるのは、驚ける、楽しめる、一人でゴキゲンでいられるコツを知っている人です。

自分一人でゴキゲンになれる人が、また会いたいと思われるのです。

自分を磨く最高のひとり時間 01

一人の食事を、ゴキゲンでしょう。

自分を磨く
63の最高のひとり時間

20 幸せを目指すより、幸福感の感じ方を身につけよう。
21 会員一人の会をつくろう。
22 見つめよう。
23 「どう感じたか」を感じよう。
24 今流れている音楽を、聞こう。
25 日常の中の違和感を面白がろう。
26 経験より、体験を増やそう。
27 喜怒哀楽の前に、驚こう。
28 まず、驚こう。
29 深い呼吸をしよう。
30 知らない人と、話そう。

目次

2章 「ひとり時間」だけの魅力を楽しめる。

3章

「ひとり時間」で、感性が磨かれる。

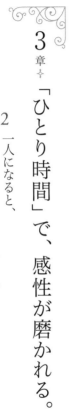

4章 「ひとり時間」に、出会いが生まれる。

5章 「ひとり時間」に、本物の「ひとり旅」ができる。

6章 「ひとり時間」で、チャンスをつかめる。

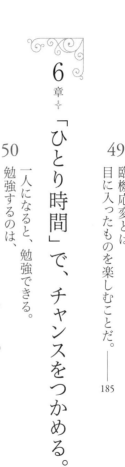

ひとり時間を持つと、「あったはずの未来」に出会える。

中谷彰宏

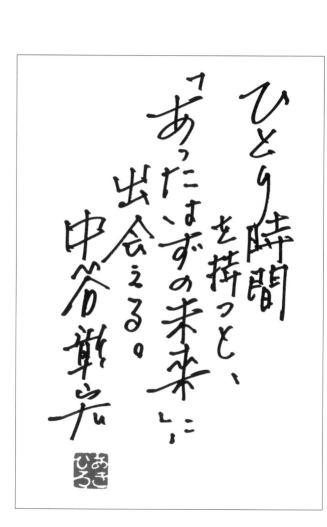

1章

「ひとり時間」が、毎日を豊かにする。

02

驚くことができる人は、驚かすことができる人になる。

一人でも、ワクワクできる人がいます。

一人の時間は、感情の喜怒哀楽がなくなってしまいがちです。

外出自粛中は、「移動しない、行動しない、人と会わない」ことで、人と接する時間が減りました。

人と接することで、喜怒哀楽が生まれます。

一人で閉じこもっていると、「人との接点がなくなる」→「喜怒哀楽がなくなる」→「ワクワクすることがない」→「無表情になる」→「楽しくなくなる」→「一人でいる時間が怖い」という負のスパイラルに陥るのです。

一人の時間に「驚くことができる人」と「できない人」とに分かれます。

たとえば、ごはんを食べて「おいしい」と言うのは、おいしいと感じることではありません。

おいしいと感じる1つ手前に、「驚く」段階があります。

毎日食べているごはんでも、常に味は違います。

私の家は、祖父が田んぼでお米をつくっていて、ごはんの炊き方にうるさい家庭でした。

ごはんを一口食べた時に、「今日のごはん、おいしい」と言う習慣がありました。

「今日の炊き方、おいしい」とも言います。

日によってごはんの炊き方は違います。

食べる側の気分によっても味が変わります。

同じ味は、二度とありません。

毎日変わっています。

大きく変わるから驚くのではなく、ほんのわずかな違いを感じて驚けるかどうかです。

この小さな驚きを一人の時に感じられる人と感じられない人とに分かれるのです。

おいしそうに食べる人は、単に「おいしい」と言うだけではなく、一口ごとに驚く人です。

たとえレトルトでもインスタントでも、「アッ」と驚く感覚を持っていると、その人の感覚は毎日研ぎ澄まされていきます。

感覚が研ぎ澄まされるのは、驚いているからです。

おいしいかおいしくないかを判断するのではありません。

「ウワッ、今日のこれ何」と感じた時は、すぐには説明できないものです。

すぐに説明ができることは「いい」「悪い」と言ってしまいます。

「私もふだん驚いています。でも、これは驚くに値しない、大騒ぎするようなことじゃないでしょう」と言う人は、大きいことでは驚いても、小さなことでは驚けない人です。

「驚ける人」と「驚けない人」との分かれ目は、いかに小さいことで驚けるかなのです。

自分を磨く
最高の
ひとり時間
02

小さなことに、驚こう。

03

おいしそうに食べることで、おいしくなる。

「一人で食べているとおいしくない」と感じる人がいます。

たしかに誰と食べるかは大切です。

一方で、「誰かと食べるからおいしくなる」と思ってしまうと、相手任せになってしまいます。

「ひとり時間」を楽しむためには、今まで受け身だったことを自発的にすることです。

「おいしいものを食べさせてくれるから、おいしく感じる」は受け身です。

「誰かと食べるからおいしくなる」というのも受け身です。

たとえ特別においしいものでなくても、誰かと一緒に食べなくても、目の前の1杯のお茶、1杯の水、1杯のコーヒーをおいしく感じることが大切です。

おいしく感じる人は、おいしそうに食べます。

味の9割は、香りです。

まずそうに食べている人は、まず9割の香りをかいでいません。

香りを味わわずに、いきなり食べています。

食べる前に「いいにおい」と言った瞬間に、すでにおいしいのです。

満足度が上がっています。

「ただ食べればいい」「何を食べたか覚えていない」「いつもと同じでしょう。味わうことができない」と言う人は、結局そのもの自体の香りを感じていません。

自然界に香りのないものはありません。

友達と一緒にいると、香りに驚きにくくなります。

友達が「いいにおい」と言うと、それで初めて香りを感じます。

せっかく一人の時に、香りに気づかない状態は寂しいです。

目に見えない香りを、いかに楽しめるかが大切です。

目に見えるものは誰でも気づきやすいです。

信号機を色で表現しているのは、みんなが間違えないようにするためです。

香りは、「気づく人」と「気づかない人」とに分かれるからです。

一人になった時は、わかりにくいものに気づく五感を研ぎ澄ますチャンスです。


まずは、なんでもおいしそうに食べることです。

たとえば、ランチを食べに行くと、何種類か選べるメニューがあります。

私は一人でごはんを食べに行く時にするゲームがあります。

隣に来た次の見知らぬ人に、私が食べているものと同じものを注文させるゲームです。

自分がまずそうに食べていたら、隣の人は違うものを頼みます。

注文する時の判断基準は、メニューだけではありません。

後から来た人は、先にいる人がおいしそうに食べているかどうかを見ています。

たとえメニューが10種類あっても、「隣の人にこれを頼んでもらえたら自分の勝ち」というゲームをしているのです。

自分を磨く
最高の
ひとり時間
03

香りに、驚こう。

04

一人になることで、見えないものが見えてくる。

「今まで自分はいろいろなものを見てきた」と思う人でも、一人になることで、今まで見えていなかったものが見えるようになります。

日常的に誰かが一緒にいる状態だと、一人の時間がとれません。

一人になった瞬間に、人と話さないことで、今この場に流れている音楽を聞くことができます。

誰かと一緒にいると、その人と話しているので流れている音楽に気づきません。

一人になることで「あんなところにこんな花が咲いた」と気づけます。

人と話していると、その人に意識が行きます。

道端に花が咲いても、風が吹いても「秋の香りがする」「冬の香りがする」ということに気づきません。

花から「ここに花が咲いていています」という呼び声は何もありません。

香りに至っては、強烈なにおいではなく、かすかな香りを漂わせるので、友達と話していると、その場の香りをかぐ意識はなくなります。

一人になって初めてそれに気づくのです。

一人で行動していると、今までと同じようなことをしていても、「あれ、ここにこんなものがあったんだ」とか「ここにこんなきれいなものがあった。きれいだな」と気づけるようになります。

これが「ひとり時間」の楽しみ方です。

いつも誰かと一緒にいたり、友達と一緒にいたりするのは幸せなことです。

その反面、本来なら出会えたはずの身近な美しいものとすれ違うマイナスがあります。

すれ違っているので、「今日あの花を見なくて損した」と気づけません。

「あの香りをかがなくて損した」ということにすら気づきません。

これは怖いです。

一人の時間を持たないと、大切なものやことと、すれ違っていることに気づかないのです。

一人で寂しいからといって、一緒にいる人を探す必要はありません。

人以外にも、まわりにある自然界のすべてのものが自分の話し相手になり、その声を聞くチャンスになります。

せっかくの一人の時間に見えないものを感じることが大切なのです。

自分を磨く
最高の
ひとり時間
04

見えないものを、感じよう。

05

生活は、得を目指す。人生は、豊かさを目指す。

「ひとり時間」を「生活」ととらえるのではなく、「人生」ととらえるのです。

「将来が不安だ」と言っている人は、物事を生活の基準で考えています。

「このまま収入がなくなったらどうしよう」

「会社をクビになったらどうしよう」

「節約しなければ」

「本を買いたいけどガマンしよう」

「習いごとに行きたいけどガマンしよう」

これはすべて、生活の単位で考えています。

「今日1日」とか「月収」とかそういうレベルです。

物事を人生の基準で考える人は、もっとロングスパンで考えています。

「ここで勉強しておいて、将来クビになっても再就職する時に面接に受かるようにしておこう」

「もっと給料のいい仕事につけるように、ここで勉強しておこう」

「あいた時間で勉強しておいて、自分の時給が上がるようにしよう」

勉強していなければ、仕事は選べません。

勉強することによって、将来の自分の仕事の選択肢が広がります。

勉強をサボって、コツコツ貯金したり節約したりしても、人生の選択肢が広がることはないのです。

工場の設備投資のようなことを自分の中でしておくことが大切です。

人間が迷うのは、「生活」と「人生」のどちらを選ぶかです。

いかに人生として考えられるかです。

生活で大切なのは、得することです。

損をしたくないのです。

人生で大切なのは、豊かになることです。

物理的なことが「得」、精神的なことが「豊か」です。

精神的に貧しくならないことが物事の判断基準なのです。

自分を磨く
最高の
ひとり時間
05

生活より、人生で生きよう。

06

一人になることで、個性が生まれる。

個性的な人になりたいなら、一人の時間を持つことです。
個性は、一人の時間から生まれます。
みんなと一緒の時間から生まれる個性はないのです。
何が個性かというのは、よくわかりません。
ただし、「私は〇〇が個性です」と言うのは、大体個性ではないのです。
同じことを言う人は大勢いるからです。
集団の中で「あなたは個性的」と言われるのは、まったく個性的ではありません。
それはその集団の中での「個性的」でしかありません。
世の中の人が見ると、その集団はみんな同じ色に見えます。
その中で個性といっても、大した個性ではないのです。

集団に属していると、どうしてもみんなと同じであることをよしとする感覚が生まれます。

そこから外れることが悪であるという考え方になって、個性の芽はどんどんつまれていきます。

理解されることをよしとして、理解されないことを悪としていくのです。

「いいね！」が多い方がいい、再生回数が多い方がいいという論理です。

みんなと一緒に生きている人にとっては、それが幸せなのです。

他者からどれだけほめられるか、どれだけ「凄いね」と言われるか、どれだけほかの人たちから憧れられるかというワク組みの中にいる人は個性を放棄しています。

集団の中には、「こうした方が得」「こうしたら損」という見えない仕組みがあります。

個性は、みんなから「そんなことしていたら損だよ」と言われるようなことです。損とか得とか、こうしたらみんなに好かれるとか、ほめられるとかを考えないのが個性です。

そもそも損の発想がないので、わざと損をしようという考え方もありません。

「ひとり時間」を持つことで、自分がいかにみんなと同じことを目指してきたかということに気づくのです。

「ひとり時間」を持つと、「ひとり時間」で生きている人たちと出会うことができます。

「あの人は、あれでよく生きてるな」と思える人に出会って、「それでもいいんだ」と、勇気づけられるのです。

そういう人には、なかなか出会えません。

集団に属していると、集団の人たちとしか出会えないからです。

自分が見ている世界が世界のすべてだというのは錯覚です。

それは世界の一部にすぎません。

世界の99％は一人で生きています。

集団に属している世界は、たった1％の世界です。

人数が多く見えるのは狭い中にギュウギュウにいるからです。

たとえば、ブロイラーと地鶏の違いは、ニワトリの品種の違いではありません。

飼料と飼育スペースと飼育期間が違うのです。
ブロイラーの飼育スペースは、1平米におよそ15羽です。
ギュウギュウの中でエサをどんどん与えるので、飼育期間は短くなります。
普通の地鶏も1平米に10羽以下で、ブロイラーとたいして変わりません。
京都の七谷地鶏というブランド鶏は、1平米当たり0・1羽です。
いわゆる「地面を歩いている」という状態です。
これが「ひとり時間」です。

一人で地面を歩きたいのか、みんなと一緒にギュウギュウに詰め込まれて生きたいか、どちらの人生を生きたいかということなのです。

自分を磨く最高のひとり時間 06

「みんなと同じ」を卒業しよう。

07

一人でいることで、自由になれる。

人生の究極の選択肢は、自由をとるか、自由を放棄して安心・安全・安定をとるかです。

どちらが正解とは言えません。

「ひとり時間」は、自由を一度実験してみるチャンスです。

だからといって、一生「ひとり時間」で生きていくわけではありません。

たまたま自由の実験をするチャンスを手に入れたと考えればいいのです。

「ひとり時間」を持つことで、二人になることの幸せがわかります。

ずっと一人でいた人が初めて二人になった時に、その価値がわかるのです。

自分を磨く
最高の
ひとり時間
07

自由を犠牲にしない。

08

一人でいることで、自分の失敗ができる。

自分で成功して、自分で失敗することが大切です。
誰かが選んだ道で成功するか。自分で選んだ道で失敗するか。どちらをとるかです。
それは失敗と成功に基準を置くか、「自分」に基準を置くかです。
自分の人生を生きるかどうかは、「ひとり時間」を持てるかどうかで分かれるのです。

自分を磨く
最高の
ひとり時間
08

「自分の失敗」をしよう。

2章

「ひとり時間」だけの魅力を楽しめる。

09

「違う」のではない。「異なる」だけだ。「異なる」ものは、美しい。

「違う」と「異なる」は意味が別です。

「違う」には、「あなたの考えは間違っている」というふうに、上下関係が常にあります。

ある1本の価値軸があるのです。

「異なる」には価値軸がありません。

360度、線が出ているイメージです。

「ひとり時間」で苦しまないですむのは、異なる世界で生きているからです。

「みんな時間」で生きている人は、みんなから外れたことをした時に「それは違うよ」と言われます。

「異なる」は、豊かで、美しく、面白いのです。
みんなと同じことをよしとするのが「みんな時間」の生き方です。
異なることをよしとするのが「ひとり時間」の生き方です。
異なっていることが「面白い」という豊かさになるのです。

自分を磨く
最高の
ひとり時間
09

「異なる」自分を残そう。

10

「みんなしているから」で、時間を奪われない。

時間がたくさんあっても、「忙しい、忙しい」とグチをこぼしている人がいます。

よくある相談は、「したいことがいっぱいあって、時間が足りない」というものです。

「したいことを書き出してごらん」と言うと、あれもしたい、これもしたいと書き出します。

「その中に、みんながしているからしたいということはないか」と聞くと、「ありますね」と言うのです。

それは本当に自分がしたいことではありません。

「みんながしているのに、自分だけしていないのはまずい」と思っているのです。

これが一番多いのは英語です。

英語を習うのは、みんなより英語が話せないのがイヤだからです。

その人は英語を話したいわけではないのです。

そんなことをしていたら、時間がいくらあっても足りません。

「今話せないから話せるようになりたい」というのは、自分のしたいことではありません。

今できないというだけのことです。

「したいからする」というのが、本当にしたいことです。

「今できないから、できるようになりたい」というのは、人に負けたくないからです。

そんなことに時間を使って、本当にしたいことのための時間を奪われていいのかということです。

「ひとり時間」で生きていると、みんなとの比較がなくなります。

「みんな時間」で生きていると、

「みんなしているのに、私だけしていない」

「みんな持っているのに、私は持っていない」

「みんながこれだけできるのに、私はできない」

という点数の比較が起こります。

これに時間を奪われます。

「勝とうとは思いませんが、負けたくないのです」ということでも時間を奪われます。

「負けたくない」という気持ちを放棄するだけで、時間は大量に生まれます。

その時間を本来自分が好きなことにまわせばいいのです。

自分を磨く最高のひとり時間 10

「負けたくないから」という理由で、時間を奪われない。

11

一人になることで、決断できるようになる。

「なかなか決断できないんです」と言う人は「みんな時間」で生きています。

「みんな時間」で生きていると、「これはどうしたらいいと思う?」と聞くと、「そんなの○○に決まってるじゃない」と、誰かが答えてくれます。

集団の答えはすでに決まっています。

その集団のリーダーに「それはこうしなくちゃダメだよ」「こうすべきだよ」と言われるのです。

「ひとり時間」に「○○するべき」は、ありません。あるのは「○○したい」だけです。

「みんな時間」では、迷った時に誰かに決めてもらう方がラクです。

「迷う」→「決めてもらう」、実行する。

「また迷う」→「また決めてもらう」の繰り返しです。

それではいつまでも自分で決めることができなくなります。

答えを他者に求める人は、いつも「みんなはどうするの」→「みんなはこうする」→「じゃあ、私もそれで」という生き方です。

いつも人に聞くことをベースに置く生き方になるのです。


以前、私のもとに「AとBで迷っている」と言う人が相談に来ました。

「Aをしたらこうなります。Bをしたら将来こうなります」と伝えました。

その人は、今ココだけのことを考えていて、その先が見えていないのです。

私はその人が見えていないメリット・デメリットをきちんと見せました。

どちらにするかは、その人が決めることです。

私が決めたらマインドコントロールになるのです。

自分の人生を決めるのは、自分です。

誰かに決めてもらうのは、責任転嫁です。

人に決めてもらったら、あとは文句を言えばいいだけになります。
「早く結婚しなさいと言うから結婚したのに、うまくいかなかった」と、誰かに文句を言える逃げ道がここで生まれるのです。

自分を磨く
最高の
ひとり時間
11

答えを他者に求めない。

12

誰でもできることを、一人だから、一番先にできる。

誰かが何か簡単なことをすると、「あんなの誰でもできるじゃない」と言う人もいます。

大切なのは、誰でもできることを「一番先にする」ことです。

現代アートの世界でも、「あんなの誰でもできるじゃん」と言う人が必ず出てきます。

その人は自分ではやりません。

誰でもできることをするから凄いのではありません。

誰でもできる誰もしないことを一番先にしたことが凄いのです。

「みんな時間」で生きている人は、それができません。

みんながしないことだからです。

「ひとり時間」で生きている人は、誰もしないことができます。

みんなに非難されるとか、けなされるということは、まったく気にしていません。

ほめられたいとも、けなされたくないとも思っていないのです。

ほめられても、けなされても、何も変わらないのが「ひとり時間」で生きている人の基準です。

他者の評価ではなく、自分の感覚を優先しています。

一人だから、一番先にできるのです。

自分を磨く
最高の
ひとり時間
12

簡単なことを、一番先にやろう。

13

一人でいることで、覚悟が生まれる。

「ひとり時間」の一番のメリットは、覚悟が生まれることです。

覚悟とは、「何を捨てるか」です。

「みんな時間」で生きる人は、「何を手に入れるか」がベースにあります。

「ひとり時間」は「何を捨てるか」の軸が決まります。

捨てるモノが見えてくるので、部屋も片づくのです。

部屋の整理ができない人は「みんな時間」で生きています。

「これは誰かにプレゼントできるから」と、自分がいらないモノをプレゼント用の箱に入れてとっておくのです。

「ひとり時間」で生きている人は、自分がいらないモノは捨てられます。

うまくいかなかった時に、「誰かがこうしろと言ったから」とは言いません。

決断を人に委ねないので、自分で責任をとれるのです。

自分で決めて自分で責任をとれることが覚悟です。

「ひとり時間」で生きていると、そうせざるを得ないのです。

一人で旅をしている時に、ハズレの店に入ってしまっても、それは自分が選んだ自己責任です。

ハズレも楽しめることが大切なのです。

自分を磨く
最高の
ひとり時間
13

責任を持とう。

14

小さなことを、楽しむ。

小さなことを楽しむと、「ひとり時間」が楽しくなります。
「ひとり時間」と誰かと一緒にいる「みんな時間」には、大きな違いがあります。
「みんな時間」は、常に勝ち負けを考えます。
「ひとり時間」に勝ち負けはありません。
たとえば、誰かと習いごとに一緒に行くと、うまくなるスピードはそれぞれ違います。
その瞬間から競争になります。
友達とマラソン大会に出場すると、友達がライバルになります。
一人で参加すると、知らない人しかまわりにいないのでライバルはいません。
食事の時に誰かと一緒にいる人は、勝ち負けで考えているので「おいしい」が言えなくなります。

「おいしい」と言うと、負けだからです。

「ふだん、この人はおいしいものを食べていない人なんだな」と思われたら負けという解釈です。

友達に連れて行ってもらったお店で、「これを『おいしい』と言うと、自分の方がおいしいものを知らないことになるから負けだ」と考えます。

一人の時は、誰の勝ちも負けもなく素直に「おいしい」と言えるのです。


たとえば、以前知り合いのAさんと一緒にオシャレなとんかつを食べに行きました。見た目はとんかつに見えません。

Aさんは一口食べた時に「なんだ、とんかつか」と吐き捨てるように言いました。

連れて行った側としては、ガッカリなリアクションです。

そういう発言をする人は、ふだん勝ち負けで生きているのです。

かつては「勝ち負け」は男性社会の用語でした。

女性が社会進出して、女性の会話にも勝ち負けが入り込むようになりました。集団にまみれた結果です。

一人でいると、「なんだ」ではなく、「なんと、とんかつ?」と驚きます。

授業で教えている時も、「なんだ、それでいいのか」と言われると、もっと教えたいという気持ちが急にめげてしまいます。

「つまらない答えですみませんでした。もうあなたには教えたくない」となります。

「なんと」と言われると、もっと教えてあげたい、もっとおいしいものを食べさせてあげたいという気持ちになります。

「なんと」は、本人が予想外のものに出会った時のリアクションです。

集団にいると、そこでの勝ち負けがどうしても生まれるのです。

韓国の合コンは、女性が勝ち負けを凄く意識しているそうです。

たとえば、女性4人で合コンに行きます。

その時、4人をかわいい順に順位づけして「自分は何番」と分析しながら行くのです。

一人でいることは、勝ち負けの世界を抜け出すということです。

特に情報化社会は、みんなが出会えるようになりました。

同じ価値観の人たちの中にいると、同じモノサシで勝ち負けが生まれます。

一人でいれば、勝ち負けはありません。

出場者一人の試合では、全員1位です。

結局、「ひとり時間」は、出場者一人の大会に出ているようなものなのです。

自分を磨く
最高の
ひとり時間
14

「なんだ」を「なんと」にしよう。

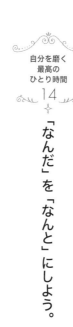

15

「わからない」ことで、自由になれる。

「ひとり時間」を過ごしていると、「わからないこと」に出会います。

「みんな時間」で生きている人にとっては、「わからないこと」は悪です。

「ひとり時間」で生きている人にとっては、わからないことは悪ではありません。

何かがわからないことは、わかることより自由なのです。

自分なりの解釈がいろいろ残っているし、間違える権利もあるからです。

わかった瞬間に、間違える権利はなくなって、正解どおりにしなければいけなくなります。

わからないのは幸せなことです。

わからないということは、いつかわかることもできます。

わかった時は、そこで行き止まりです。

わかった後に「わからない」という選択肢はとれないのです。

わからないことで、そのもの自体から支配されなくなります。

自分の勝手な解釈が自由にできるのです。


ルネサンス前のキリスト教絵画は、「わかるか、わからないか」でした。

その絵画が聖書の中のどの場面を描いているという正解がきちんとあるからです。

ルネサンスに入った瞬間に、モナリザは何を表現しているのか、わけがわからなくなりました。

これが自由です。

正解は、いまだにわかりません。

天才レオナルド・ダ・ヴィンチがつくったものなのに、何を伝えているかわからないのです。

見る人の自由が、ここで生まれました。

ルネサンスは、美術史においてギリシャ以来の自由を取り戻した瞬間です。

それが現在までずっと続いているのです。

現代アートの展覧会に行くと、「わけがわからない」と怒っている人がよくいます。

それでいいのです。

ルネサンス以前の絵画で「わけがわからない」と言ったら、落第です。

現代アートは、「わけがわからない」とコメントする権利があるのです。

岡本太郎さんは「なんだ、これは」と観た人に驚かれることを求めていました。

「なんだ、これは」は、一種の称賛になっているのです。

俳句の授業で、生徒に「意味がわからないから教えてください」と言われることがあります。

「わからないことを人に聞かないで」とせつなくなります。

その人は「みんな時間」で生きています。

「正解を教えてください。それを覚えますから」というスタイルは、「みんな時間」の生き方です。

「ひとり時間」で生きている人は、「わからないから教えてください」とは言いません。

「これはこういう意味じゃないかな」と、勝手に考えます。

正解よりも自分の妄想を優先するのが「ひとり時間」の楽しみ方なのです。

自分を磨く
最高の
ひとり時間
15

「わからない」ことを、人に聞かない。

16

一人になることで、他人の言葉を、自分の言葉に置きかえる。

一人になることによって、自分の言葉に出会えます。

「みんな時間」で生きている人は「みんな言葉」を使っています。

自分の言葉になっていないのです。

誰かが言った言葉をそのまま、あたかも自分の言葉として便利に使っているだけです。

うまい具合に、それでなんとなく通じるのです。

腹に落ちる言葉は、「自分言葉」です。

何かを人に伝える時は、「みんな言葉」を「自分言葉」に置きかえた方がいいのです。

ネットの世界では、コピペで人の言葉を持ってきて、あたかも自分の言葉のようにしている文章があります。

その文章が弱いのは、自分の言葉ではないからです。

コピペの文章は自分の体の中で消化されていません。

他人の言葉をそのままチンしただけの言葉です。

自分で一からつくっている言葉になっていないのです。

言葉を持っている人と持っていない人との分かれ目は、自分の言葉にできているかどうかです。

情報化社会は、他人の言葉を編集しただけでも、なんとなく文章が書けてしまいます。

それでは相手に伝わりません。

心に刺さる言葉は、自分のものになった言葉です。

それが人の心を動かし、人を動かし、人の心に深く入り込むのです。

自分の言葉にするためには勉強と体験が必要です。

どれだけ失敗し、どれだけ驚いているかです。

失敗も驚きもなく、勉強も体験もない、誰かがつくったものをそのままコピペした言葉は、スカスカな言葉になるのです。

「ひとり時間」で、できるだけ他人の言葉を自分の言葉に置きかえる作業をしておきます。

そのためには、一回、自分の頭の中を思いきり散らかして再整理します。

混沌としたところを通り抜けることで化学反応が起こるのです。

「ひとり時間」を過ごすと、すべての人が「わけがわからない状態」を体験します。

最初から快適な時間は訪れません。

一人になると、どうしていいかわからないモヤモヤした感じや、ザワザワした感じになります。

モヤモヤ・ザワザワを体験できるのが「ひとり時間」です。

「みんな時間」には、モヤモヤ・ザワザワはありません。

ただ安心とイライラがあるだけなのです。

自分を磨く
最高の
ひとり時間
16

自分の言葉に、置きかえよう。

17
一人でいると、マナーがよくなる。

オシャレなレストランにふさわしくないぐらい、大声の人たちがいます。

三人組です。

お店の人も注意できないのです。

まわりの人は「今日はハズレですね。お店の人もなんとか言ってほしいね」と思っています。

お店の人も、「すみません、にぎやかで」と、困っています。

二人になると、マナーがひどくなります。

三人になったら、最低です。

それは客観性がなくなるからです。

オシャレなお店では、そういうことが起こりがちです。

ついはしゃいでしまうからです。

お互いのはしゃぎ合いが連動し、共鳴して、どんどんうるさい存在になっていきます。

自分たちがお店のムードを壊していることに、まったく気づいていないのです。

一人になると、自分を客観化することができます。

「今これをしたら、マナーとしてよくないことだ」とわかるのです。

複数になった瞬間にマナーは壊れます。

お店だけではなく、24時間、365日、どこにいてもこの現象が起こっているのです。

「みんな時間」で生きている人はマナーが悪くなります。

しかも、本人はマナーが悪いことに気づいていません。

「ひとり時間」で生きていると自分を客観化できるので、マナーがよくなっていくのです。

自分を磨く
最高の
ひとり時間

17

一人になって、マナーの悪さに気づこう。

18

一人になることで、自分を振り返ることができる。

成長するためには、時々立ちどまって振り返ることが大切です。これが復習です。

復習をしないと、常に次のことに追いかけられるのです。

人生の転機は、病気やケガなどのアクシデントで起こります。

アクシデントで会社を休んだ時に、「会社を辞めて○○をしてみよう」と考えるのです。

その時、その人はワンステージ上の世界へ上がっていきます。

トラブルが起こった時に、自分を振り返るのです。

私は、もともと大蔵省（現・財務省）に行こうと思っていました。

それがいつの間にか、文学部へ行って、なんだかんだしているうちに、今こうして本を書いているのです。

浪人時代は人生が足踏み状態です。

その時期に自分を振り返ることができました。

これが完全に「みんな時間」から「ひとり時間」になった瞬間です。

人生のどこかにおいて、「ひとり時間」になって自分を振り返ることが大切です。

「ひとり時間」で生きていると、

「雰囲気に流されて、なんとなくこっちへ向かっていたけど、果たしてこれでよかったのだろうか」

「自分は今、本当に行きたい道を歩いているだろうか」

と振り返ることができるのです。

自分を磨く最高のひとり時間 18

自分をプレイバックしよう。

19

成長は、直線ではなく、スパイラルに進む。

人生はうまい具合に、失敗やドロップアウト、不合格や落第があって、足踏み状態にならざるをえなくなることがあります。

世の中全体が浪人生の時期に入っています。

以前は、なんとなくこのまま直線的に進むだろうと思っていました。

それがそうではないことに初めて気づいたのです。

「みんな時間」で生きている人は、物事の考え方が直線的です。

「ひとり時間」に生きている人は、心の中に曲線を持っています。

曲線は、変化に強いのです。

曲線はスパイラルになっていて、どんな形にも対応できるのです。

オーストリアの建築家のフリーデンスライヒ・フンデルトヴァッサーがつくった大

阪・舞洲のゴミ処理工場は、まるで夢の国のようなつくりです。

彼は子どものころにナチスに捕まって、暗い地下室に閉じ込められました。

その経験から人を閉じこめる刑務所のような直線ばかりの建築に違和感を覚え、「直線はやめよう」と決めたのです。

「縛られるな。とらわれるな。心に直線を持つな」とも言っています。

直線とは、「これはこのままますぐいくはず」という思い込みです。

直線で生きている人は、世の中が直線でなくなった時にポッキリ折れてしまいます。

「これはこのままますぐいかないだろう」という気持ちでいた方がいいのです。

世の中はスパイラルに進んでいます。

フンデルトヴァッサーは、「世の中は植物のように渦を巻いて成長する。自然界に直線は存在しない」と考えた人です。

右肩上がりの時代は、なんとなく世の中は直線で進んでいくと思っていました。

長い歴史を見ると、直線で進んでいる時代はほとんどありません。

長い目で見ると、すべてが曲線で成り立っています。

「これはずっとこのままであり続ける」と思わない方がいいのです。
「みんな時間」は直線で成り立っています。
「ひとり時間」は渦巻きで成り立っています。
時間の流れも価値観も、直線と渦巻きというまったく違うものが存在しているのです。

自分を磨く
最高の
ひとり時間
19

心に、曲線を持とう。

20

我を忘れている時、幸福感を感じている。

幸福感を持つ人は「私は幸せだ」なんて考えていません。

幸せを感じている時は「私」という言葉が消えていくのです。

「ひとり時間」にも「私」という言葉はありません。

そもそも日本語の会話の中では、「私」という言葉はそんなに出てこないのです。

英語の「I」に当たる主語がなくても伝わるのが日本語です。

本の中にも「私」という言葉はほとんど使われません。

「私」という言葉がたくさん出てくると、かたくて、こなれていない翻訳体のような日本語になります。

校正の段階で「私」を削る作業をします。

悩み相談に来る人で、会話の中に多い単語が「私」という人が時々います。

「私」が多い人は人づきあいで苦しんでいます。

「みんな時間」の中で自分を見失う現象が起こっているのです。

「ひとり時間」で生きている人の会話には、「私」という言葉がありません。

「ひとり時間」は、すべて「私」だからです。

「みんな時間」で生きている人は、どこかで「私」と言っておかないと、「私」を見失ってしまいます。

常に「私はここにいる」とアピールして、みんなに振り返ってもらおうとするのです。

誰もがなんとなく幸せを目指しています。

大切なのは、幸せよりも幸福感です。

幸福感は、行動しなくても、移動しなくても、人と会わなくても感じることができます。

行動したり、移動したり、人と会ったりすることで幸せを感じるとは限りません。

何をすれば幸せかは決まっていないのです。

大切なのは、「何を」ではなく、「how you feel」です。

結局、幸福感を持つ時は幸福なんて忘れています。

まわりの人に「あの人、幸せそうだな」「ゴキゲンでやってるな」と思われるだけです。

本人はゴキゲンでいようと思っていないし、ゴキゲンでいることにも気づきません。

「幸せそうですね」と言われた時に、ちょっと照れくさいぐらいの感覚でいるのです。

自分を磨く
最高の
ひとり時間
20

幸せを目指すより、幸福感の感じ方を身につけよう。

21

自分だけは、自分を見捨てない。

ピクサーのアニメ映画『カールじいさんの空飛ぶ家』の中で、カールは少年のときにエリーという女の子に出会います。

古い廃屋があって、カールがのぞき込むと、その中にいるエリーが「のぞいているのは誰？　ここは『冒険家の会』という秘密クラブで、入会資格がいるんだから」と言うのです。

よくよく聞いてみると、その会の会員は彼女一人です。

ここで彼女の心意気を表現しているのです。

会は一人から会です。

「ひとり時間」は一人の会です。

自分一人でクラブを結成しているという意識を持つのです。

「大勢いないと会ではない」という思い込みが、「みんな時間」をベースにした考え方です。

長い物に巻かれる考え方にとっぷり浸かっている自分に気づくことです。

自分を磨く
最高の
ひとり時間
21

会員一人の会をつくろう。

3章

「ひとり時間」で、感性が磨かれる。

22
一人になると、見るが、見つめるに変わる。

センスは、「見る」だけでは磨けません。

「見つめる」ことが大切です。

「見る」と「見つめる」は、1秒の違いです。

「あ、見た」で終わることが、美術館でよくあります。

作品のタイトルや説明を見る時間が9割、絵を見る時間が1割というパターンです。

解説をじっくり読み、「わかりました、なるほど」と絵を見ると、すぐに次の作品の解説をじっくり読み、「わかりました、なるほど」と絵を見て会場をまわります。

これが「見る」です。

これでは、「見る」ことはできても「見つめる」ことはできません。

風景は、見るのではありません。

眺めるのです。

「夕日を見る」という表現はないのです。

夕日は眺めるものです。

一瞬ではわからないからです。

恋人の顔や、赤ちゃんやペットの顔など、人間は好きなものを見つめます。

「見つめる」で愛が生まれます。

ほんの1秒差でも、「見る」という行為にプラス1秒でセンスが磨かれます。

それが「見つめる」という魔法になります。

見つめることができるのが一人の時です。

友達といるとできないのです。

友達が話しかけてくるからです。

「見た?」「見た」「見た?」「見た」、次、次、次……となってしまいます。

美術館には、カップルや友達同士で来ている人がよくいます。

これは美術館の体験としては損をしています。

「見る時間」はみんな同じでも、「見つめる時間」の長さは個人差があるのです。

気になるものや、自分の驚きとつながるものは、一人一人の好みによって違うからです。

カップルで腕を組んで作品を見る人がいます。

腕を組むと相手のテンポに合わせる必要があります。

相手が動いてしまうと、それを見つめたくてもできません。

見て終わりです。

「それならカタログでいいんじゃないの？」となります。

「ひとり時間」でできることは、「見る」ではなく「見つめる」ことです。

もう1つ、「見る」は、面白いものや美しいものがあるから見るという状況もあります。

「見つめる」時は、最初のうちは面白いものや美しいものに気づきません。

見つめているうちに何かが浮かび上がってくるのです。

自分を磨く最高のひとり時間 22

見つめよう。

アクションを起こす前から、何かが見えているのではありません。

見つめていると何かが浮かび上がってくる状態になります。

これが見つめるということです。

誰かと一緒にいて浮かび上がらないまま行ってしまうと、何もなかったように感じます。

何もないことなどありません。

何かが浮かび上がる前に行ってしまっただけです。

その原因は「連れ」がいたからなのです。

23

何を手に入れたかより、どう感じたか。

「一人の時間に何をすればいいんですか」と聞かれます。

この発想が、すでに「ひとり時間」の過ごし方ではないのです。

「ひとり時間」で大切なのは、どう感じるかです。

「何を」するかは、なんでもいいのです。

一日中座禅を組んでいたとしても、大切なのは座禅を組むことではなく、それをどう感じるかです。

本を買うと、感想を送るための用紙が入っています。

それに本の内容を整理したものを書いて送ってくる人が時々います。

テストではないので、整理しなくても大丈夫です。

「こういうことを学びました」というのは、いわゆるテストの延長線上です。

成績もつかないし、お免状も出ません。

著者として一番読みたいのは、読者がどう感じたかです。

中に書いてあるレジュメを整理することではないのです。

私はいつも授業の最後に感想を聞いています。

そこで感想ではなく、私が授業で言ったことを整理して答える人がいます。

それは感想でも気づきでもなく、覚えたことです。

覚えたことを言っている人は、気づけないのです。

「気づく」とは、教わっていないことを思いつくことです。

ダンスのレッスンでも、「どんな感じ？（How do you feel?)」と聞かれます。

日本人は子どもの時から学校で、「わかったか」と聞かれることに慣れています。

「ひとり時間」を持っている人は、「わからないけど、こんな感じ」と、自分の感覚を言えるのです。

詩や俳句も「なんかこんな感じがする」ということです。

「こんな感じがする」という話をするのは、少し恥ずかしいです。

だからといって、レストランで料理を食べた時に、具体的に「これに○○と△△が入っていて、こういうところが隠し味になっていますね」と言うわけではありません。「最近、こういうのがイタリアで流行っているんです」と言うのは上から目線です。料理人に対して失礼です。

それよりも、「おいしい」「うれしい」「気持ちいい」が素直に言えることが大切です。

まじめで優等生な人ほど、「おいしい」「うれしい」「気持ちいい」が言えないのです。

プレゼントをもらった時に「ありがとうございます」と言うのは、ただの決まりごとです。

感じる人は「うれしい」と言います。

「ありがとうございます」と言う人と「うれしい」と言う人との2通りに分かれるのです。

「ありがとうございます」と言う人は、集団での生き方に慣れている人です。

プレゼントをもらったら「ありがとうございます」と言うのが礼儀だと思っているのです。

「うれしい」と言うと、「うれしいの前に感謝の言葉を言いなさい」と言いますが、感謝の言葉はいらないのです。

「ありがとうございます」は、社交辞令と同じです。

喜んでいるのかいないのか、まったくわからないのです。

「うれしい」と言われた方が贈った側は、うれしいです。

自分を磨く
最高の
ひとり時間
23

「どう感じたか」を感じよう。

24

一人になると、流れている音楽が聞こえてくる。

「昨日行ったレストランでどんな音楽が流れていた？」と聞くと、「あれ？　音楽が流れてましたっけ？」と言う人がいます。

それは、ずっと友達と話をしていたからです。

友達といると、つい話してしまいがちです。

友達との話に夢中になると、その場に流れている音楽を聞けません。

旅行に行って友達と話すのも楽しいです。

ただ、話しているうちに景色を見逃してしまうのです。

これは大きいチャンスを逃しています。

中谷塾で夜桜を見に行くという企画をしました。

いつも来ている人だけでなく、初めて来た人もいます。

シーンとした中で夜桜をしみじみ味わっていました。

すると初めて来た人が「先生、解説はないんですか」と言いました。

これが、一人でいることに慣れていない人です。

その時、私は「いやいや、これを味わわないとダメでしょう。解説をしたら、この静かな空気が台なしになってしまう」と答えました。

一人でいることに慣れている人は、「鑑賞すること」ができます。友達といる時は、「鑑賞」ではなく「批判」になります。

会話の中身が「これはいい」「これは悪い」「これは好き」「これは嫌い」へと流れます。

一人でいる人は「これ、なんだろう。ひょっとしたらこういうことかな。なかなかこれもいいな」と味わいます。

これが鑑賞です。

誰かといると、「これ好き」「これ嫌い」というジャッジの方へ流れてしまいがちです。
そうならないためには、その場で流れている音楽を味わうことが大切なのです。

自分を磨く
最高の
ひとり時間
24

今流れている音楽を、聞こう。

25

違和感を、楽しむ。

感性が豊かな人は、なんでも「えっ？」と驚くことができます。

「えっ？」の次の言葉は「あっ」です。

自分の中で仮説を立てて、それが全てつながった時に「あっ」が生まれるのです。

「あっ、こうじゃないか」というのは、まだ正解ではありません。

「えっ？」「あっ」という2つが、その人が面白がったり、ゴキゲンでいるもとになります。

「えっ？」は違和感から生まれます。

乗り慣れない電車に乗ると、いつもと座席の高さが違うことがあります。

そうすると、座った時に、座席が思ったより低くてドンと落ちたりします。

これが「えっ？」です。

椅子によって硬さも違います。

「このタイプの椅子はこれぐらいの硬さだろう」という予想と違った時に「えっ?」と驚けます。

これが違和感です。

人間はいつも大体同じメニューを頼みます。

いつも頼んでいるスターバックスの商品を持つと、いつもより軽い時があります。

つくり手によって微妙に変わるからです。

温度も調節できるので、いつもより熱い時があります。

これが「えっ?」になるのです。

日々、違和感を楽しめる人は変化に強くなります。

一人でいる人は、変化に強くなるのです。

いつも誰かと一緒にいる人は、変化に弱くなります。

違和感を感じないからです。

違和感は、一人の時により敏感に感じます。

誰かと一緒にいると、五感の感性が集団の方に向かってしまうので鈍ります。

外界の森羅万象を味わう感覚よりも、仲間内の忖度の方へ気持ちが向かってしまうので違和感を感じにくくなるのです。

「ひとり時間」に、日常生活の中における違和感をどれだけ楽しめるかで感性が磨かれるのです。

自分を磨く
最高の
ひとり時間
25

日常の中の違和感を面白がろう。

26

驚きがないのが、経験。驚きがあるのが、体験。

「経験」と「体験」には、大きな違いがあります。

「移動できない、行動できない、人と会えない」中でも、体験をすることはたくさんできます。

驚きがないことは、ただの「経験」です。驚いたことが「体験」です。

いつも同じ人と行動して、いつもと同じことを感じていると、感じているという感覚もほぼなくなります。

これはただ経験しているだけです。

たった1回でも、「今まで何していたんだろう」とか「こんなの初めて」と、びっくりするような出来事が体験になります。

自分を磨く
最高の
ひとり時間
26

経験より、体験を増やそう。

大切なのは、経験をただ積み重ねることではなく、いかに体験をするかです。
経験になることと体験になることがあるのではありません。
同じことをしても、それを「経験にする人」と「体験にする人」とに分かれます。
バンジージャンプをすることだけが驚きではないのです。
新しいことを始めることが、体験です。
今日、咲いている花や窓をあけた時の風のにおいに驚くことが体験です。
体験は、遠くに出かけなくてもできます。
誰かと一緒でなくても体験できるのです。

27 驚くことで、表情が豊かになる。

これまでは、「行動をする、人に会う、移動する」ことで初めて体験と感じることが多くありました。

外出自粛の期間は、日常生活の中で驚く体験がもっとたくさんできることを教えられました。

海外・秘境・名所に行かなければ体験できないと考えると、「行くこと」だけで満足してしまいます。

一方で、バーチャルで何かを見て、驚くような体験をすることもあります。

「驚いた」の反対は、「それ、知ってる」という言い方です。

「それ、知ってる」は、体験とは真逆のことです。

それでは、毎日食べているごはんに飽きてしまうことになります。

どんなに回数を重ねても、毎回新しい体験と感じることはできます。

体験数が増えていくほど「今日のごはんには違うおいしさがある」と、発見が多くなります。

たとえば、カレーとフランス料理とでは、食べている回数の多いカレーの方が味の差がわかります。


日常生活で回数が多いものは体験にしやすいものです。

あらゆることを、本人の意識で「これは体験だ」と感じるかどうかです。


本を読むことに対しても体験と感じる人は、同じ本を2回読み返すと、前に感じていなかったものを発見できます。

詩・短歌・俳句など、短くなればなるほど、読み直した時の感じ方が変わります。

それがその人のセンスを目覚めさせることになります。

移動できない、行動できない、人に会えないから体験ができないということは決してありません。

むしろ逆に、**「こういう体験を日常生活の中で見逃していた」と気づけます。**
驚かない経験より、驚く体験を増やせばいいのです。

自分を磨く
最高の
ひとり時間
27

喜怒哀楽の前に、驚こう。

28
失敗から、驚くことで、気づきになる。

「成長するためには、失敗が必要だ」と、よく言われます。

ただ失敗を重ねているだけでは、将来の選択肢がどんどんなくなります。

失敗してお金がなくなること以上につらいのは、信用を落とすことです。

友達がいなくなって、孤立していって、最終的には精神が追い詰められるのです。

大切なのは、失敗から気づくことです。

ただし、失敗からいきなり気づくことはできません。

「失敗から何かに気づいた。だけど何も変わらない」というのは、その人は本当に気づいてはいないのです。

気づきが本当かどうかの分かれ目は、「失敗」と「気づき」との間に「驚き」があるかどうかです。

失敗から「こんなふうになるんだ」と驚いて、そこから気づきに行けば、その気づきはホンモノです。

後の行動が変わります。

「失敗しました。気づきました。後の行動を変えました」と言っても、途中に驚きを経ていなければ、その人は本当に気づいたことにはなりません。

わかったフリをしているだけで、「なるほど」と納得していないのです。

驚きは体の底で起こることです。

驚くことで、価値観が根底からひっくり返る喜びを味わえるのです。

自分を磨く
最高の
ひとり時間
28

まず、驚こう。

29

一人でいると、呼吸が深くなる。呼吸が深くなると、視点が深くなる。

物事を楽しめるというのは、別の視点から見ることができるということです。

視点に高さと深さが出てくると、角度が生まれます。

視点の高さと角度は、呼吸の深さと連動しています。

呼吸が深くなると視点が深くなります。

呼吸が浅くなると視点が浅くなるのです。

不機嫌な人は、浅い呼吸をしています。

人と話すことが苦手な人は、話す前に1回、ゴクッと唾をのみ込みます。

原因は呼吸が浅いからです。

常に深い呼吸をしている人は、すぐに話せるし、すぐに歌い出せるし、すぐに踊り出せるのです。

浅い呼吸をしていると燃費が悪くなります。

脳にうまく血液が行かないので、体がすぐに動きません。

前向きのアイデアも出なくなるのです。

物事を深い視点でいろんなアングルから見て楽しめるのは、呼吸が深いからです。


呼吸を深くするためには、体をやわらかくしておきます。


家の中にいると、外にいる時より動きのバリエーションが減ります。

外と同じ運動量にするために、家でストレッチをした方がいいのです。

「ひとり時間」でも活動的に動くことはできます。

外へ出たり大勢で集まったりしないと動けないということはありません。

子どもは一人でいてもムダな動きだらけです。

子どもに肩コリがないのは、ムダな動きが多いからです。

ムダな動きを省いていくと、体の使う部分がどんどん偏って、肩コリ・腰痛が生まれ、呼吸が浅くなるのです。

自分を磨く
最高の
ひとり時間
29

深い呼吸をしよう。

4章

「ひとり時間」に、出会いが生まれる。

30
一人になると、知らない人と話せるようになる。

「友達とは話せても、知らない人と話すのが苦手なんです」という相談があります。

友達とは、お互いの性格やキャラクターがわかっているので話ができます。

知らない人とは、キャラクターがわからないので何をどう話していいかわからず、話すのが苦手になりがちです。

「A子さんはすごいお話し上手なんです」と紹介されて会って話してみると、まったく話せないことがあります。

A子さんは、知っている友達の間では話し上手なのです。

知らない人と話すとなった途端に、何も話せません。

友達に対して、話し上手な人の多くは、知らない人と話せなくなります。

人間が1日に話さなければいけない会話の最低量は決まっています。

その量が知り合いだけに費やされている人は、これまで知らない人と話した体験数があまりにも少ないのです。

知っている人と話していれば、失敗がないのでラクです。

ときには一人で行動しなければならない時もあります。

そうすると、知らない人と話をせざるを得なくなります。

生活していく上においては、必然的に最低限、誰かと会わなければいけない状況が起こります。

「ひとり時間を増やすと人と会えない」と言う人は、「仲よしの友達と会えない」と言っているだけです。

知っている人と会える比率が減るのが「ひとり時間」です。

一人でいるときに元気がなくなる人と、知らない人と話す練習の場にする人とに分かれます。

話し上手かどうかと、知っている人とどれだけ話せるかは関係ありません。

知らない人とどれだけ楽しく話せるかが、その人のコミュニケーション能力です。

コミュニケーション能力のある人は、知らない人にポンポン話しかけて、話を続けられます。

「知り合いなの？」と聞くと、「いえ、今日初めて会いました」という感じの話し方ができます。

その人は、生まれた時から知らない人と話せるのではありません。

知らない人と話そうとする勇気があり、今までの人生の中で失敗を重ねてきたのです。

人と会う機会が減ったということは、友達と会食をする機会が減ったということです。

そういう時は、知らない人と話すキッカケづくりの練習をするチャンスに置きかえていけばいいのです。

自分を磨く
最高の
ひとり時間
30

知らない人と、話そう。

31

一人になると、聞き上手になる。話し手の体験と勉強を引き出す。

友達といつもいると、聞き上手でなくても話し上手でなくても問題はありません。いつもの流れで話すので、話し上手である必要もなく、聞き上手でなくても話せます。

知らない人と話す時は、聞き上手にならざるを得ません。

聞き上手の人が、話し上手になります。

知らない人との会話で、話し上手になるコツは、聞き上手になることです。

聞き上手になれない人は、相手に何を聞けばいいかがわかりません。

自分が何かを話そうとする人が話しベタになります。

話そうとする必要はありません。

聞き上手になるためには、相手の体験と勉強を引き出せばいいのです。

友達と二人でタクシーに乗ると、タクシーの中で友達と話してしまいます。

一人の場合、運転手さんと話します。

二人で乗ると友達同士で話してしまうところが、一人で行くと運転手さんと話すということになるのです。

友達同士は家に帰ってからでも話せます。

一人の時は黙ってスマホを見ている人と、運転手さんと話せる人に分かれるのです。

運転手さんと話すことは、くだらないことでいいのです。

運転手さんから、いきなり変わった話は出てきません。


ある人が京都のタクシーに乗った時、道が混んでいました。

タクシーの運転手さんと「混んでますね」「お客様が多いんです」という普通のやりとりがしばらく続いた後、「お客様、韓流ドラマ見ますか」と話を振られました。

これは唐突です。

映画の話すらしていません。

京都の話をしていたのに、タクシーの運転手さんがいきなり韓流ドラマの話を振ってきたのです。

これはチャンスボールです。

その運転手さんは韓国の時代物が好きで話したいからです。

そうすると、その人のドラマを見た体験と、「その後、韓国の歴史を調べたらけっこう面白くて」と、その人の勉強したことを聞けます。

京都に行ったからといって、京都の勉強をするとは限りません。

京都に行って、京都のタクシーの運転手さんから韓国の歴史を学べてしまうのです。

韓国の歴史を勉強したくて京都に行ったわけではありません。

たまたまそこで出会った人から何を教わるかわからないというところから興味が広がります。

お楽しみ袋にできるのが、一人の時間です。

美術館に仲よしの友達と来てしまう人は、「その話は家でできるよね」という話をしています。

学芸員の人も「家でできる話はやめてほしい。少なくともこの絵の話をしてもらいたい」とこぼしていました。

展示されている絵の前で「それ、家での話だよね」「会社の人の悪口は家でしてよ」と思われる会話はしないことです。

美術館としては、「面白いでしょう」と思って展示しているのです。

相手の体験と勉強を引き出すためには、自分が体験と勉強を増やしておくことです。

そうしないと、「この人は何にも興味がないんだな」と、相手の話がとまってしまいます。

少しでも広く浅い知識があると、「こんな人に初めて会った」と、喜んで話してもらえます。

広く浅い知識を持ち、「これは興味ない」と簡単に切り捨てないことで会話が磨かれるのです。

自分を磨く
最高の
ひとり時間

31

相手の体験と勉強を引き出せるように、自分の体験と勉強を増やそう。

32

一人の時は、お店の人と話せる。

お店に「一人で来ている人」と「二人で来ている人」がいます。

二人で来ている人は、自分たちだけで話します。

一人で来ている人は、お店の人と話します。

タクシーの中と同じことがお店でも起こります。

お店の人といかに会話ができるかが、その人の人生を大きく変えるのです。

お店の人と、ひと言、ふた言、会話ができるかどうかです。

レストランには、ただ食べに行っているのではありません。

一人で動いている人、「ひとり時間」を持てる人は、お店の人との出会いがあるのです。

二人で行って、二人同士で話している人は、そのお店がどこにあって、ウェイターやシェフ、レジの人がどういう人か、なんの記憶も残りません。
そこに出会いを求めていないのです。
お店の人も、一人の人には話しかけますが、二人で来た人には話しかけにくいのです。

二人で来た人はテーブルに座ります。
一人の人はカウンターに座ります。
人生は、
① カウンターに座る
② テーブルに座る
という2つの生き方に分かれます。
最低なのは個室に入る生き方です。
これはオジサン化現象です。
個室は、出会いの拒否になるのです。

自分を磨く
最高の
ひとり時間
32

お店の人と、話そう。

私の実家はスナックです。
スナックは基本、カウンターなので、お店の人とも隣の人とも話せます。
これが一人で生きている人の生き方なのです。

33 一人になることで、違う意見と出会える。

一人になると、「違う意見の人」と出会うことになります。

ふだんは同じ意見、同じ価値観の人と会っているからです。

通常、自分と違う意見の人は次回は誘いません。

自分が違う意見なら次回は誘われません。

いつも一緒にごはんを食べている人は同じ価値観の人なので、自分の価値観が広がりません。

あるところから狭くなる一方です。

たとえば、自分と仲よしの友達とは価値観が80％同じでも、残り20％のところは自分を切り捨てないと一緒にいることができません。

それでは、自分が持っていた100％の意見が80％になってしまいます。

そこにもう一人友達が来ると、また20％狭くなります。

自分の価値観が、最初は100％あったものが10％になり、5％になり減っていくのが人と会うことです。

一人でいると、出会う人が同じ価値観の人かどうかわかりません。

いつも違う意見の人と会っていると、**「私にはあなたと違う意見がある」と言われた時に、へこまなくなります。**

もともと価値観が違うことが前提だからです。

価値観が同じだと思っていた親友に「私はそうは思わない」と言われるからへこむのです。

価値観が違うと思っていた人と、あるところでいきなり意見が一致すると、うれしいです。

一人の時間にこそ、自分と違う価値観の人と出会って、違う意見、違うものの見方を面白がれます。

「それ、そういうふうに見られるんだ」と楽しめるのが、一人でいるということです。

いつも仲よしの人と一緒にいる人は、違う意見を言われた時に、すぐへこんだり、落ち込んだりします。

嫌われたと感じてしまうのです。

嫌われたのではありません。

価値観が違うだけです。

価値観が100%一致する人は、世の中にはいません。

みんな生きてきた人生が違うからです。

価値観は、その人が今まで生きてきた人生の集大成です。

違う価値観を一致させる方法はたった1つです。

自分がガマンして相手の価値観に合わせます。

そうすると、自己肯定感が下がります。

人と一緒にいることで、結果として自己肯定感がどんどん下がります。

自分の意見を捨てて相手の意見に合わせていると、最後の最後に「あなたの意見は全部、私のマネっこだから面白くない」と言われます。

せっかく相手に合わせたのに、それはつらいです。
そうならないためには、一人になることで違う価値観と出会うチャンスをつかめばいいのです。

自分を磨く
最高の
ひとり時間
33

違う意見を言われることを、面白がろう。

34

ビリでいることで、自由になれる。

大勢の中に一人でいることのつらさは、「この中で自分が一番ビリ」という感覚になることです。

パーティーに行くと、「みんなは友達で、自分だけがひとりぼっち」と寂しく感じてしまい、壁の花になるのがパーティー症候群です。

実際は、そう感じている人が大勢いるだけです。

「知り合いといる人は楽しそう、自分は話す相手がいない」と思い込んでしまうのです。

たとえば、人気のレストランに行くと「順番にご案内しますので、名前を書いてお待ちください」と、椅子が並んでいます。

行列の10番目で、一番ビリでした。

後ろには誰も並んでいません。

この時、一番最初に並んでいる人と10番目の自分とどちらが幸せでしょうか。

一見、一番最初に並んでいる人が次に案内されるから幸せのように感じます。

実際は、幸せなのはビリの自分です。

自分の後ろに誰も並んでいないので違うお店に替えられます。

1番目の人は、どんなに待たされても替えられません。

行列のトップにいて、後ろに9人並んでいるからです。

前の人が入ったばかりなら、1時間入れかえがない可能性もあります。

すぐに食べ終わるとは限らないからです。

お茶の時間なら、昼休みと違ってみんなまったりして時間がかかります。

ビリであることが、その人の自由度になるのです。

一人でいることがいかに自由で、誰かと一緒にいることがいかに不自由か、気づく必要があります。

人といると、安心できるかわりに自由を手放しています。
人生において、「安心」をとるか「自由」をとるかの選択です。
一人で生きなければいけないということではありません。
「ひとり時間」も楽しめる人が自由に生きているということです。
「そんなことなら自由はいらないから安心がいい」という人はそうすればいいのです。

大切なのは、「ひとり時間」をいかに活用していくかです。
「ひとり時間」を持つことによって、初めて「自由とはこういうことなんだ」と体験できます。

自立することはしんどいのです。
自由と自立は、ワンセットです。
一流校と三流校を比較すると、一流校は宿題がありません。
自由で自立を求められるからです。
三流校は宿題だらけです。

好きな勉強は何もできません。
その違いを認識した上で、どちらに行きたいか選択すればいいのです。

自分を磨く
最高の
ひとり時間
34

ビリの自由を、満喫しよう。

35 ニコニコしていることが、最大の励ましになる。

友達が落ち込んでいる時は、一緒に落ち込まないことです。

「みんな時間」で生きている人は、友達が落ち込んでいると、自分も一緒に落ち込まないといけなくなります。

「友達が落ち込んでいるのに、なんであなたはそんなニコニコしてるんだ。冷たい」と言われてしまうからです。

これが「みんな時間」のルールです。

「みんな時間」と「ひとり時間」はルールが違います。

そもそもルールがないのが「ひとり時間」です。

「ひとり時間」を生きる人は、誰かが落ち込んでいると、自分はその分ニコニコします。

相手と自分の合計でゴキゲン度を上げようとするのです。

「相手が落ち込んでいる分だけ、自分はもっとゴキゲンでいなければ」という感覚です。

大切な人と一緒に落ち込まないようにします。

恋人や親友、夫や家族が落ち込んでいる時ほど、自分がゴキゲンでいることでバランスをとった方がいいのです。

自分を磨く
最高の
ひとり時間
35

大切な人と、一緒に落ち込まない。

36

予想外に出会った時に、ムッとしない。

ゴキゲンでいることは、笑顔でいるということです。

誰もが、自分は笑顔だと思っています。

本人は気づきません。

自分自身の写真を撮って見てもらおうと、「笑ってみてください」と何回言っても、

「もう笑っています」

「エッ、それ笑っているの？　じゃ、笑ってない顔をして」

「これですか」

と、真顔のような笑顔をする人がいます。

それでも、本人は「笑っています」と言います。

笑っている人と笑っていない人がいるのではありません。

笑いが「表情にまでつながっている人」と「つながっていない人」がいるのです。

自分では表情につながっていると思っていても、実際は途切れている人がいます。

特にマスクをしていると、表情の違いがまったくわかりません。

マスクをしていてもメチャクチャ笑っているとわかる人と、マスクをとっても笑っている顔がわからない人がいます。

笑顔にならない人は、笑うという感情が心の底から出ていないのです。

「笑わなければ」という義務感から出ていて、一番最初に笑うという感情が来ています。

笑顔の人は、「笑う」の前に「驚く」があるのです。

驚いた後に笑うという感情になるから、本当の笑顔になるのです。

笑っていない人にも「驚く」の感情があります。

その人は、驚いた時はムッとする方に転びます。

驚いたことも、驚きを経由しない笑いも、ムッとした表情になります。

実際は、ムッとした表情ではなく無表情です。

表情が動かないと「ムッとした表情」になるのです。

驚いた時に、表情が動いて笑顔になります。

会話の本に、「相づちを打ちましょう」と書いてあります。

最高のあいづちは「えっ？」です。

「なるほど」「そうそう」「はいはい」でもないのです。

「えっ？」と言われると、相手はもっと話したくなります。

「えっ？」は驚きから出ます。

気づきの多い人は、感性が豊かな人です。

感性が豊かな人は、まず「えっ？」と思える人です。

知識が多いわけではありません。

知識が多い人は、相手が何か言った時に「よく言いますよね」「有名ですよね」と言います。

そこには驚きというものがないのです。

自分を磨く
最高の
ひとり時間
36

「えっ？」と感じて、笑おう。

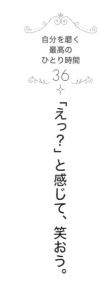

37

見せるためではなく、自分のために、書く。

全ての人たちが文章を発信できる時代です。

一人になるとついSNSで発信することが増えがちです。

ここで、
① SNSで疲れてしまう人
② SNSでイキイキする人
の2通りに分かれます。

SNSがいいか悪いかではありません。

SNSに対する「自分の接し方」の違いです。

「本を書きたい」と言う人の相談に乗ると、「どうしたら売れる本になるか」という話にだんだん変わることがあります。

それは私が目指していることと違います。

私は、売れるために本を書いてはいません。

自分自身との対話を書いているのです。

私も外出自粛の期間は、移動や行動ができず、人と会えなくなりました。

「この状況で、どうしたらいいんだろう」という自分自身との対話が、結果として文字になり、文章になり、本になっていくわけです。


SNSで疲れてしまう人は、自分のために書いていません。人に見せてほめてもらうために書いているのです。


そうすると、自分のために書くことより人に見せることを優先していきます。

みんながもっと見てくれるもの、もっと読んでくれるもの、再生回数が上がるものにしていけばいくほど、自分自身から離れていきます。

そうなると、書いたり表現したりするという行為のために自分自身が奴隷化していくので疲れます。


書いたり、発表したり、歌ったりする行為は、すべて「内なる自分」との対話です。

それは、いいカッコをしないことです。

裸になれる行為です。

私は本で、自分の頭の中で考えているプロセスを文字に置きかえています。クヨクヨしている自分と励ましている自分のやりとりが本で行われていて、誰かに対してのやりとりではありません。

外出自粛の期間は自分と対話できるまとまった時間をもらいました。

この期間は、詩人にしても画家にしても、多くが人に見せるためではなく、自分自身のために書いています。

「再生回数を増やしたいから」というのは、自分自身のためではありません。そんなことは一切気にしないのが自分自身のためということです。

「私は売れても売れなくても関係ないんです」という発言は、再生回数を意識しています。

「売れても売れなくてもいいんです」「再生回数が増えても増えなくてもいいんです」という意識すらないのが自分のために書くということです。

そういう人は、日々驚いたり、へこんだり、心のジグザグが起こります。
心の中で動きまわる状態が起こる人は、ワクワクした毎日を過ごすことができるのです。

自分を磨く
最高の
ひとり時間
37

自分と、対話しよう。

38

1日30分、誰とも話さない時間に、心が成長している。

夫婦ゲンカの原因は、男女の会話感覚の違いです。

奥さんは1日1時間話さないと、ストレスがたまります。

旦那さんは1日30分黙らないと、ストレスがたまります。

この二人が一緒に夜を過ごすからケンカになるのです。

女性は、男性と同じように30分黙る時間を持つと飛躍的に成長します。

男性は、興味のない話に1時間つきあうだけで飛躍的に成長します。

それぞれが不得意なことをすることで、成長のチャンスをつかむことができるのです。

せっかく旦那さんが黙っているのに、その時間におしゃべりしてしまうと、奥さんは成長するチャンスを失います。

奥さんは、旦那さんが聞いてくれない分、友達と話してストレスを発散します。

今は話すツールがたくさんあります。

ＳＮＳも、あれだけ頻繁にショートワードのやりとりをしていれば話しているのと同じです。

それをしている間は、なんでだろう、なんでだろう……と、突き詰めて考えることができないので、上滑りした会話で終わるのです。

パーティーでは深い話ができないのと同じです。

パーティーでは「○○さん、こんにちは」「最近、何やってたの」「じゃ、また」という浅い挨拶レベルの会話しかできません。

深い話をするためには、１対１で会った方がいいのです。

できるだけ大勢よんだ方がいいというのは、「みんな時間」の発想です。

「ひとり時間」で生きている人は、会う時は１対１です。

３人になった時点で、もう一人に気を使います。

「この話をもっと深めたいな」と思っても、

「こっちの人にも話を振らないといけない」

「こっちの人には理解できない話になってきたな」

と気になって、その時点で深い話ができなくなるのです。

「みんな時間」で生きている人は、とにかく大勢集めるのが好きです。

「二人でお話ししましょう」と言っているのに、「○○さんが行きたいと言ったから」と言って、ほかの人を連れてくるのです。

その人は次からは誘われなくなります。

話を深めるためには、1対1が一番です。

「ひとり時間」で生きている人は、1対1の話ができるのです。

自分を磨く最高のひとり時間 38

せっかくの成長のチャンスを、話すことで失わない。

39

適度な距離がある関係が、長続きする。

人間関係で悩んでいる人がいます。

その人は相手との距離が近すぎるのです。

相手が近づいてきているのでありません。

自分が近づきすぎているのです。

「上司がやいのやいの構ってきて困る」と言いますが、それは上司が構うことに対して、**自分が近寄りすぎているのです。**

人間関係のストレスを軽減する一番簡単な方法は、離れることです。

「理解してもらえるはずだ。なんでわかってもらえないの」と思う時点で近づいています。

そもそも違う人間なのだから、理解はムリです。

これは家庭と社会との区別がついていないのです。


家庭はどうしても近いのです。

親子ゲンカは親子の距離が近すぎることが原因で起こります。

もう少し距離感を持てば、親子ゲンカはなくなります。

それは決して冷たいことではありません。

逆にありがたみがわかるのです。

親子といっても、しょせん人間と人間です。

他人の中で比較的近い人が親子です。

そう思えば、「他人なのにこんなに優しくしてくれて、ありがたいな」と、感謝の気持ちが湧いてきます。

近くに感じると、文句しか出てこなくなって、感謝の意識が消えるのです。

親のくせに、上司のくせに、なんでわかってくれないのというのは、親にも上司にも甘えているのです。

自分を磨く
最高の
ひとり時間
39

近づきすぎない。

5章

「ひとり時間」に、本物の「ひとり旅」ができる。

40

一人の時に、準備を楽しめる。

様々な理由で旅行に行けない時があります。
それでうっぷんがたまっている人がいます。
その時は、行動も移動もできないとしても、その間に準備ができます。
準備期間ととらえて、いざ行動ができるようになった時にすぐ動けるように準備しておくのです。

行動や移動は、準備すればするほど、その楽しみは深くなっていきます。

せっかくの準備時間に文句を言って終わるのはもったいないのです。

行動力のある人は、準備も楽しめます。

準備から行動は始まります。

旅に出ようと決めた時から旅が始まっているのです。

「旅行」は、実際に移動している間だけです。

「旅」は、行こうと思った瞬間から始まっています。

準備の間が、すでに楽しいのです。

所ジョージさんは、修理を楽しんでいます。

修理したモノは、会った人にプレゼントしています。

使うために修理するのではなく、修理自体を楽しむのです。

自分を磨く最高のひとり時間 40

準備を、楽しもう。

41

みんなでするのが、旅行。一人でするのが、旅。

「旅行」と「旅」とは違います。

予定通り行くのが「旅行」。

予定変更できるのが「旅」です。

たとえば、アトラクションに乗るというのはテーマパークへの「旅行」です。

アトラクションに乗らないのが「旅」です。

「ひとり時間」でできるのは、旅行ではなく旅です。

団体旅行はあっても、団体旅はありません。

一人旅はあっても、一人旅行はないのです。

残念な女性は、旅行はできても旅はできません。

修学旅行に行って、「これが旅だ」と思ってしまうのです。

修学旅行は、行きたいかどうかに関係なく、決められた時間どおりに決められた所に行くものです。
その時、「ここに行きたいから、これはパスしてここの滞在を長くしたい」ということはできなくなります。
「私、旅行が好きなんです。誰か一緒に行ってくれる人はいないですか」と言う人は、旅行はできても旅はできません。

旅は「ひとり時間」を楽しむことで進化します。

旅は、人生を象徴しています。
「ひとり時間」の過ごし方で、その人は団体旅行的な人生なのか、一人旅的な人生なのかが分かれます。
一人旅は寂しくありません。

一人旅には、出会いがあります。

今まで自分がしてきた旅行をいかに旅に切りかえられるかが楽しみ方として重要で

す。

中谷塾で行く遠足は、目的地にたどり着けないことがよくあります。

途中で面白いものを見つけると、そちらへ流れていってしまうからです。

むしろ、みんなはそれを楽しんでいます。

たとえば、飛行機が欠航したら旅行としては失敗です。

そこから旅が始まるのです。

自分を磨く
最高の
ひとり時間
41

旅行より、旅をしよう。

42

別行動をすることで、仲よくなれる。

集団でいる人は、団体行動が好きです。

新婚旅行でも夫婦が一緒に行動します。

それで最終的にはケンカになって、成田離婚が起こるのです。

ひとり時間をもてる人は新婚旅行でも夫婦が別々の行動をとります。

「今日のお昼、何やってたの」という話ができるから仲よくなれるのです。

みんなと常に同じ行動をしなければいけないところが「みんな時間」の息苦しさです。

みんなで行動していても、「ひとり時間」の集団は成り立ちます。

たとえば、一人旅のパックツアーがあります。

「一人旅」と「パックツアー」は矛盾していますが、旅慣れている人の利用がけっこう多いのです。

人とあまり同じ行動はしたくないけれども、チケットの手配や移動はみんなと一緒の方がラクだからです。

一人旅のパックツアーは、ほかの人に気を使う必要がありません。

食事中も話をしないし、自由時間の移動中も一人です。

昔からそういうタイプの楽しみ方をしている人はいます。

「ひとり時間」を楽しめる人は、急に一人の時間ができても、なんら不具合を感じていません。

急に一人の時間ができて不具合を感じている人は「みんな時間」のみで生きていた人です。

突然、自分が孤立している感が湧いてくるのです。

これまでも「ひとり時間」で生きていた人は大勢いました。

その人たちは、いざ一人の時間が増えたとしても、なんら変わらない生き方をしています。

今までの自分の生き方として、「ひとり時間」という価値軸を持っているのです。

自分を磨く
最高の
ひとり時間
42

別行動しよう。

43

一人でいると、自発的になる。自発的になると、自発的な友達ができる。

友達とやりとりをするSNSは、最初のうちは楽しいのです。

次から次へと返信が来ることがうれしくなります。

それが途中から、返信をしなければならなくなっている自分に気づきます。

相手がすぐ返信してくれることによって、自分が相手に引っ張られる状態が起こります。

最初は自分が相手を引きつけていると思っていても、だんだん相手に引っ張られていくのです。

投稿した動画や写真も、再生回数が増えるとうれしくなります。

すると、いつの間にか再生回数を増やすためのネタをつくるようになります。

これでは、**見ている相手側の奴隷です。**

一人でいる人は、自分で動かざるを得ないので自然と自発的になります。

誰かと一緒にいる時はどうしても受け身になります。

一人で海外旅行すると自分で話さざるを得なくなります。

海外でマクドナルドに行っても、「ビッグマック」と言わなければ買えません。

時には「ビッグマック」と言って、「Sorry, we don't have」と言われたりします。

ビッグマックがないのはあり得ないと思っても、言葉が通じず注文できないことがあるのです。

通じない体験は大切です。

一番損な海外旅行は英語ができる人と一緒に行くことです。

完全にできる人に頼ってしまいます。

全部世話をしてくれて便利だからです。

それでは海外にいるのか日本にいるのかわかりません。

一人で行動して自発的になると、自発的な友達ができるようになります。

「なんで返事してくれないの?」「なんで既読にしてれないの?」というやりとりは自発的な人が相手だとありません。

これは受け身の人の発想だからです。

自分が受け身になると、受け身の友達ができます。

受け身の人とは、「なんで返事してくれないの?」「なんで既読にしてくれないの?」というもめごとが起こります。

SNS疲れをしている人は、結局、友達のネットワークが全員受け身なのです。受け身同士のやりとりが始まった時に、返事をしようがしまいが関係ないと考えていれば、SNS疲れはありません。

一人の時間を持つことは、「受け身の自分」から「自発的な自分」に生まれ変わるチャンスです。

生まれた時はみんな受け身です。

お母さんに守ってもらわないと生きていけないからです。

それが自発的に変わっていくのが大人になるということです。
大人でなければ、一人の時間を楽しめません。
「ひとり時間」は、人間が大人になる通過儀礼になっているのです。

自分を磨く
最高の
ひとり時間
43

受け身を卒業しよう。

44

3カ所に1回ずつ旅行するより、同じところに3回行く。

旅の話をすると、「何カ国ぐらい行かれたんですか」という質問が出てきます。

これは「旅行」が好きな人の質問です。

「旅」が好きな人は、そんなことはいっさい聞きません。

何カ所も行くよりも、同じところに何回も行く方が楽しみがいがあるのです。

「ポルトガルに行ってきました」

「どうだった？」

「また行きたいです」

このたったひと言で、自分も行ってみたくなります。

「ポルトガルはいいところですよ。今度はアルゼンチンに行きます」と言うよりも、

「また行きたい」のひと言が強いのです。

これが「旅」です。

本なら同じ本を何回でも読みたいし、旅なら同じ場所に何回でも行きたいのです。

私が初めて行ったディズニーランドは、アメリカのアナハイムにあるディズニーランドです。

その時は日本にはまだディズニーランドがありませんでした。

アナハイムのディズニーランドに行った時はスケジュールにフリータイムがあって、ほとんどの人がまだ乗っていないアトラクションに行きました。

その中で、私はみんなと一緒に乗った「カリブの海賊」と「イッツ・ア・スモールワールド」にもう1回一人で乗りに行きました。

この2つが凄いと思ったからです。

繰り返しは連れがいるとできません。

「エーッ、それもう乗ったじゃない」と言われます。

気を使って、乗ったことのあるアトラクションには行けなくなるのです。

私は映画が好きなので、デートでも映画に誘います。

高校生の時、デートで二本立ての映画に誘ったら断られました。

デートで二本立てはNGです。

4時間も見ていたら、ヘトヘトになります。

見終わったら、もう帰る時間です。

結局、私は一人で見に行きました。

しかも、当時の映画館はまだ入れ替え制ではなかったので、二本立ての映画を2回ずつ観たのです。

2回観ることは一人でないとできないことです。

決して彼女が来るのを待っていたわけではありません。

私は、振られたことも忘れて、映画にいたく感動して帰りました。

これが「ひとり時間」の楽しみ方なのです。

自分を磨く
最高の
ひとり時間

44

同じ本を、何度でも読もう。

45

好奇心より、探究心を持つ。

「私、好奇心があるんです」と言う人は、「好奇心」という言葉の解釈を勘違いしている場合があります。

好奇心とは、興味のないものにも興味を持てることです。

好きなものが多いことを、好奇心とは言わないのです。

食べたことのないもの、好きでないものをあえて頼んでみることが好奇心です。

好きなものばかり食べているのは、逆に好奇心がないのです。

それはただの好き好きです。

「好き好き」と「好奇心」は違うのです。

好奇心の先に、探求心があります。

探求心とは、前に試してみたことをもう1回試してみるということです。

続けていくのが探求心です。

もっと掘っていくのです。


私は授業で教える前に予習をします。

授業の後は生徒より復習をします。

これはどうなんだろうと、気になるからです。

もっと掘っていくと、もっと面白いものが出てくるから、またそこを掘っていきます。


それを無限に続けていくのです。

1回の遠足の体験から、毎回毎回、復習を続けています。

探求はとまりません。

掘ったら、また面白いものに出会うのです。

1回復習して終わりというのは、「ポルトガルに行きました。次は○○に行きます」と言うのと同じです。

同じところに何回も行きたい人がいるのは、1つの体験をすることによって、次の面白いものがタケノコの先っぽのように見つかるからです。

そこを掘っていくと、また別のものが見つかるのです。

一回行って満足するのが、旅行です。

同じところにまた行きたくなるのが、旅です。

東急ハンズで、目的のモノを買った後に階段を降りると、「お弁当箱フェア」のような催しをやっていることがあります。

お弁当箱を買いに行ったわけではないのに、何か気になるのです。

好奇心や探求心は、目的を必要としません。

目的があってする買い物は、そんなに楽しいことではありません。

東急ハンズでは、目的のモノを買った後にヘンなモノをたくさん見つけます。

それが楽しいのです。

「目的を持ちなさい」と、よく言います。

実際は目的以外のことの方が楽しいのです。
これが「ひとり時間」です。
「みんな時間」は、目的ありきです。
「ひとり時間」は、目的も要らないのです。
「夢を持ちなさい」とよく言いますが、大切なのは夢を持ち続けることです。
持ち続けることが探求心です。
日がわり週がわりで、「今週の夢は〇〇です」と言うのは探究心が足りないのです。

自分を磨く
最高の
ひとり時間
45

夢を持つより、持ち続けよう。

46

お金より、体験を増やす。

一人の時間が増えて将来のことが心配になってくると、貯金をしておこうという感覚になりがちです。

「ひとり時間」は貯金のチャンスという考え方もあります。

ただ、貯金をすると体験を失っていきます。

たとえ移動しなくても、人と会わなくてもできる体験はたくさんあります。

一人の時こそ、積極的にお金で体験を買っていくことです。

外出自粛をしたことで初めて、体験の貴重さに気づかされました。

今まで誰かと一緒に行くという体験が多かった人は、一人でもそれをするか考えてみることです。

桃太郎は、犬・猿・キジが行かなくても鬼ヶ島に行きました。
だから、犬・猿・キジは一緒に行ったのです。

「犬・猿・キジが行くなら行く」という桃太郎なら、誰も一緒に行きません。

最少催行人数4名では楽しくありません。

私が旅行を計画する時は、「誰も行かなければ自分一人で行こう」と考えています。

「一人で行ったら楽しいな」という計画が心の中にある時ほど、みんなが来てしまうのです。

「誰か一緒に行ってくれたら行くけど」という時は絶対集まりません。

お金と体験を損得で比較しても、お金は1回使ったら終わりでワクワクできません。

体験は1回すると、何度も思い出せます。
その体験を思い出す回数が増えるほど、1回の体験の値段が下がります。

「あれは面白かったな」と思い出した時の感情は、体験している時の感情と同じです。

体験は、思い出し放題のサブスクリプションなのです。

いかにその人が思い出をたくさん持っているかが豊かさになります。

体験したことは、行動できない期間にいくらでも思い出せます。

私は、政治体制が変わり、作家が全員無期懲役と言われても、まったく退屈ではありません。

今までの体験をたくさん思い出せるからです。

同時に、創作活動もできます。

創作活動は、体験を再生していく中で、結び合って新たなものを生み出します。

思い出すという行為は、体験に自分の想像がつながります。

「あれは、こうなんじゃないだろうか」と、思い出すたびに違う体験になるのです。

それがどんどん広がっていくのが創作活動なので、無期懲役になっても不具合は何も感じません。

無期懲役になった時、まったく役に立たないのがお金です。

それはすべての人にとって同じことです。

死ぬ時に「楽しい人生だった」と思えるのは、その人が思い出をたくさん持っているからです。

どれだけ預金通帳にお金があっても「いい人生だった」と感じられるかどうかは疑問です。

お金があれば、体験する機会をたくさん得られます。

どんな体験ができるかは、体験するまでわかりません。

それでも、いろいろな体験ができて、体験の数が増えれば増えるほど感じ方が上手になります。

結果として、1つの体験からいくつもの思い出が生まれるのです。

自分を磨く
最高の
ひとり時間
46

お金で、体験の機会を買おう。

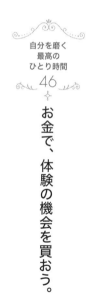

47

並ぶ時間を、楽しむ。

テーマパークで楽しめる人は、並んでいる時間を楽しめます。
テーマパークの楽しみ上手は、一人で行ける人です。
ヘビーユーザーは、ほとんど一人で行きます。
アトラクションには乗りません。
夕方は閉園30分前まで入れます。
その間際の時間に行きます。
時には、ギリギリ過ぎて入れないこともあります。
そうすると、入り口の外にいて、帰る人を見ます。
それだけで楽しいのです。
みんなが幸せそうに帰っていくからです。

ラストまでいる人たちは幸せなカップルです。

テーマパークに行って、「まわりがカップルなのに自分だけ一人で寂しい」と思うのは、本来の楽しみ方ではありません。

それは「みんな時間」の基準の勝ち負けです。

並ぶ時間を楽しめるかどうかが、「ひとり時間」で自分を磨いているかどうかの分かれ目なのです。

自分を磨く
最高の
ひとり時間
47

幸せそうな人を見て、待ち時間を楽しもう。

48

待ち上手は、手持ち無沙汰にならない。

「ひとり時間」は、待っている時間も含まれます。

その時間の過ごし方は、

① 上手な人（ゴキゲンな人）
② ヘタな人（寂しそうな人）

の2通りに分かれます。

待ち合わせをすると、ワクワクして待つ時間を楽しむ人もいれば、手持ち無沙汰になっている人もいます。

「この人は誰かを待っているんだな」と、見た目でわかる人は退屈しています。

見る方向が一方向になっているのです。

中谷塾の遠足は、現地集合です。

現地集合のよさは、見るものが必ず何かあることです。

ホテルのロビー、お寺の前、美術館の入り口が集合場所です。

見るものがたくさんあります。

それを見ていればいいのです。

この間、「ひとり時間」の過ごし方がヘタな人は、することがなくて退屈します。

相手が来そうな方向を必死で見ます。

バスを待つ人が、バスが来る方向を見ている状態です。

一番つまらないのは、その時にスマホを見ることです。

待ち合わせの相手が来るまでのひとり時間を楽しめばいいのです。

たとえば、旅行に行って、チェックインの時間より15分早くホテルに着いたとします。

居られる場所は、ロビーか中庭です。

中庭は景色がいいです。

この時「ひとり時間」を楽しむのが上手な旅慣れた人は、ロビーにいます。

ロビーにいると、スタッフと話せるからです。

中庭に行く人は、景色を楽しみに行くのではありません。

ロビーは人がいて、話しかけられたらイヤだから中庭に行くのです。

「これからチェックインなので、ここでしばらく座っていていいですか」と、ホテルのスタッフと話すことで、その1泊2日の旅行がきわめてスムーズに過ごせます。

本来なかったサービスまで受けて楽しめたりします。

これが待っている時間の楽しみ方です。

話をしなくても、「このディスプレイの仕方は面白いな」とか「1カ月たつと次はこんなふうに変わるのかな」と、その場の空気感を味わうだけでもいいのです。

軽井沢プリンスホテルイーストは、ロビーの壁が全部本棚状になっています。

本棚状にしておくと、ハロウィンにはカボチャを置き、クリスマスにはクリスマスオーナメントを置き、お正月には正月飾りを置けます。

1年中置いてあるものと、月ごとに変わるものを置いてあるのは面白いです。

「私がディスプレイを任されたら、1つ1つの棚をスタッフ一人ずつのスペースにして、みんなが好きなものを並べても面白いな」というアイデアが浮かびました。

そう考えながら眺めていると、AEDが置いてあるのを見つけました。

それがAEDっぽくないのです。

たしかにAEDはロビーに必要です。

ただ、いかにもAEDとなると現実に引き戻されます。

「AEDをこんなにオシャレにディスプレイする方法もあるんだ」ということも楽しめます。


「ひとり時間」を楽しめる人は、人生を楽しんでいます。


人生は壮大な待ち時間です。

相手が来なくても、誰もが好きなだけ楽しめるのです。

自分を磨く
最高の
ひとり時間
48

待っている時間に、目に映るものを楽しもう。

49
臨機応変とは、目に入ったものを楽しむことだ。

一人でいるとできることは臨機応変です。

たとえば、旅行に行っても予定を変えられます。

同行者がいると、変えにくいのです。

同行者が楽しみにしていたり、何か計画を立てていたりする可能性もあります。

その場で面白いものに出会って「ここで、もうちょっとしみじみ味わいたいな」と思っても、「この後のダンドリで、ここともここも行かなければいけない。ここも予約しているから」と言われると、変更しにくいです。

一人なら、「この後、こういう予定にしていたけど、それはパスして、ここで、もうちょっと味わおう」と変更できます。

誰かと一緒にいると、そういう臨機応変なことができなくなるのです。

目に入ったものを楽しむことが臨機応変です。

トム・クルーズが『ミッション：インポッシブル』の中で、逃げながら敵をあざむくために変装するシーンがあります。

洋服屋さんの前を通った時に、そこにかかっている一番上のジャケットをパッととって着るのです。

これが臨機応変です。

準備していた洋服ではありません。

この時に臨機応変でないと、服を選ぶという行為になります。

こんなシーンはスパイにはありえません。

臨機応変は、選ばないということです。

その場で目に入ったものをとっさに使います。

選ぶと、結果としていつもと同じことをします。

自分の好みのものを選んでしまうからです。

そうすると、敵にバレてしまいます。

変装するために服を選ぼうとすると、今着ているものと同じトーンの服を着てしまうのです。


いつも誰かと一緒にいる人は、服がオシャレではなくなります。


自分の青春時代と同じ服をずっと着ています。

その集団が同じファッションになります。

一番オシャレでないのは、その集団が同じトーンの服装をしていることです。

それよりも自分のスタイルを編み出せばいいのです。

自分のスタイルを持つことは、まわりに影響を受けないということです。

楽しむことは、選ばないということです。

「中谷さんの本を読もうと思うんですけど、どれを読めばいいですか」と聞かれます。

私は「本屋さんに行って、パッと目に入ったものがいいと思いますよ」とアドバイスします。


選んでいる時点で、アクションが出遅れています。

パッと目に入ったものは、自分ではなく本が選んだのです。

本が読む人を選んだのだから、それを読むのが一番正しいことです。

「どの本を読めばいいですか」と聞く人は、ふだんあまり本を読まない人です。

本を好きな人は、本を選びません。

常に目に入った本を買って読んでいるのです。

自分を磨く
最高の
ひとり時間
49

目に入った本を読もう。

6章

「ひとり時間」で、チャンスをつかめる。

50

一人になると、勉強できる。勉強するのは、もっと楽しみたいからだ。

私は30年以上、ボールルームダンスを習っています。
習いごとをしたり、美術館でアートを見る時に、
① 楽しければいい
② 勉強しなければいけない
という2つの考え方があります。
私は、楽しむことが最優先です。
そのためには、勉強しなければなりません。
勉強すると、もっと楽しくなります。
楽しむべきか、勉強するべきかというのは、別のことではありません。

私の中では1つのことです。

究極は「楽しみたい」です。

「私は楽しめればいいんです。だから勉強しません」と言う人は、本当は楽しみたくないのです。

その程度で満足しているのです。

私は欲張りなので、もっと楽しむための勉強をします。

「勉強はもういい」と言う人は楽しむことも放棄しています。

「そこそこの楽しみでいいのかな。もっと知ったらもっと面白いのに」と残念になります。

一人の時間に勉強時間がやっとできるわけです。

いつも誘われていたら、勉強時間がなくなります。

一番勉強時間を奪っていたのは仕事ではなく、交友関係です。

人と会うことです。

会食がなくなった分は全部、勉強に使えます。

せっかくの「ひとり時間」を勉強にまわすことによって、人生をもっと楽しむことができるようになるのです。

自分を磨く
最高の
ひとり時間
50

楽しむために、勉強しよう。

51 一人でいる時に、オシャレをする。

外出自粛の期間は、洋服やメイク道具の売れ行きが落ちました。

「誰かと出かけないいんだから、メイクも服もいらない」となったのです。

一人でいる時こそオシャレをする必要があります。

一人でいる時に、オシャレの差が一番つきます。

結局、「出かけないし、誰とも会わないからオシャレをしない」というのは、オシャレを他人のためにしています。

オシャレは、自分のためにすることです。

出かけなくても、誰とも会わなくてもオシャレをします。

他人のためにオシャレをしていると、人と会わなければパジャマやジャージなど、だらしない格好で1日を過ごせます。

誰かと会う時のオシャレは、あまり差がつきません。

一人で家にいる時にオシャレの差がつきます。

外で行動する時も、友達といる時はオシャレをして、一人で動いている時は手を抜くと、その人のオシャレはどんどんレベルが下がります。

他人のためにオシャレをする人はオシャレのレベルが下がり、自分のためにオシャレをする人はレベルがどんどん上がるのです。

黒柳徹子さんは常にオシャレです。

「徹子の部屋」の黒柳さんの衣装は、ゲストのイメージで選び抜いています。

デートでも、相手のために選ぶことがあります。

選んでもらったことに気づいてくれる人もいれば、気づいてくれない人もいます。

そもそも相手が気づくかどうかは関係ありません。

自分自身がただ着たいから着ているのではなく、相手との場を楽しむための1つの趣向として衣装を選ぶのです。

生け花で「こういう人が来るから、今日のお花のテーマはこれだ」と楽しむようにオシャレをしているのです。

自分を磨く最高のひとり時間 51

自分のために、オシャレを楽しもう。

52

一人でいる時、歌っている人になる。一人でいる時、踊っている人になる。

私は中谷塾の塾生と一緒に、いろいろなホテルやレストランへ食事に行ったり、遠足に行ったりしています。

小田原の江之浦測候所という杉本博司さんの個人コレクションの博物館に行きました。

根府川の駅から送迎のシャトルバスがありました。

塾生に「バスの中で先生は歌っていました」と言われました。

「どんな歌だった?」と聞くと、「何かわからないけど、楽しげな歌でした」と言われました。

何か歌っていたという意識すら、私の中にはまったくないのです。

私は、歌っている時と歌っていない時があるのではありません。

いつも歌っていて、ミュート（消音）にし忘れているのです。

私がバスで歌っていたのは、ミュートにしたつもりで、音がオフになる手前の「小」で残っていたからです。

「話している人がいきなり歌い始めるのは不自然だ」と言う人は、ミュージカルを見られません。

ミュージカルがいきなり歌い出すように見えるのは、ミュートでずっと歌っていて、歌い出す瞬間にミュートを解除しているだけです。

ダンスも同じです。

今まで踊っていない人がいきなり踊り始めることはムリです。

椅子に座っていても、立っていても、歩いているだけでも、その人は踊っているのです。

そのミュートが解除になった瞬間に踊りに見えるだけです。

人と話すのが上手な人は、黙っているところからいきなり話しているのではありません。

一人の間もずっと話しています。

それがミュート解除になるだけです。

私はミュートをし忘れることがけっこう多いのです。

コンビニでおにぎりを買う時も、塾生が「おはようございます」と挨拶しているのに気づかず、「先生はずっとおにぎりと話していました」と言われます。

パン屋さんには、パンの名前が書いてある札があります。

私は、声に出してその札を全部読んでいます。

パンとやりとりをして、出席をとるような意識です。

人に会えないと、会話が減って寂しいと言う人がいます。

会話は一人でいくらでもできます。

ペットや観葉植物、見に行ったアートと話をすることも会話です。

私は、アート作品の中では人形が好きです。

人形の展覧会に行くとずっと話しています。

「あ、しまった。ミュートし忘れてた」ということがよくあります。

これを「歌う気満々」「踊る気満々」と言うのです。

「満々」というのは、「いつもそうしている」のが普通の状態です。

エンジンはまわっていて、シフトレバーがニュートラルからドライブに入るだけです。

いきなりそこでエンジンをかけているわけではありません。

一人でいる間は、エンジンを切らずにかけた状態にしておけばいいのです。

自分を磨く最高のひとり時間 52

歌う気満々で、いよう。

53 幸せなオタクは、好きなことを押しつけない。

一人になると、オタク的な趣味ができます。

オタク趣味は、友達と一緒ではできません。

好みの幅が狭くなればなるほど、それを理解してくれる人がいなくなり、「いいね！」が減ります。

オタクすぎることでは、「いいね！」を増やすことはできません。

「いいね！」を増やすためにはみんなが理解できるものにする必要があるからです。

好きなものは幅がどんどん狭まり、意味がわからない人は全然意味がわからないところへ行きます。

この究極がアートの世界です。

大勢の人が理解できるものは、アートというより、見る人の奴隷状態になってしまいます。

「ひとり時間」の楽しさは、自分の幸せなオタクの趣味を持てることです。

今までオタクは男性のものと思われがちでした。

女性もオタクの世界を持てます。

自分の好きなものを理解してもらおうというのは、オタクではありません。

「いいね！」をもらおう、再生回数を増やそうと思った瞬間に、自分の好きな世界を放棄せざるを得ません。

「いいね！」をとるか、好きな世界をとるか、どちらかの選択です。

ずっと「いいね！」至上主義があって、みんなに理解されたり、ユーチューバーに憧れたりするような時代になりました。

「みんなに理解されることが最高なのかな」という問題提起を神様がしてくれたということです。

人間には、理解してもらう幸せも、理解されない幸せもあります。

理解された瞬間に、今度は「そういう自分」を演じ続けなければなりません。

「あの人は社交的だから」というほめ言葉をもらった瞬間に、社交的な自分を演じ続ける必要があります。

「誰とでも気さくに接することができるんです。嫌いな人がいないんですよ」というのも、実際はそんな人間はいません。

それなら、「あの人は人づきあい悪いんだよね」と言われた方がはるかに楽です。誘われても、断れるからです。

「あの人は人づきあいがいい。断っているのを見たことがない」と言われた瞬間に、断れなくなります。

「ひとり時間」で大切なことは、他人からの理解は求めなくていいと思えることです。

たとえば、企画を提案した人が「上司の頭が固くて理解してくれない」と言いました。

この時、「ひとり時間」を持っている人は、理解されないことを内心、喜んでいます。

「この企画は面白すぎるから、上司は理解できないよね、ウフフ」と思えるのです。

好きなものを理解されないことで、逆に「私だけの世界」を心の中で楽しめます。
これを「理解を拒絶する」と言います。
「いいね！」ではなく、「いいの？」を増やせばいいのです。
「そんなことでいいの？」と相手に思われることが大切なのです。

自分を磨く最高のひとり時間 53

理解を求めるより、拒絶しよう。

54

好きでないものの中に、画期的な世界がある。

すべてのモノに対して、好き嫌いがあります。

好き嫌いを持つことは、悪いことではありません。

ただし、「好き嫌い」が、いつの間にか「正しい・間違っている」に変わってしまうことがあります。

「好き嫌い」と「正しい・間違っている」は違う発想です。

一人でいると、「好き嫌い」で終わります。

集団になると、「好き嫌い」が「正しい・間違っている」に変わってしまいます。

「好き嫌い」は、本来「正しい・間違っている」にはならない発想です。

「好き嫌い」ばかり言っていると、「好き」がぼやけてしまいます。

「好き」も「嫌い」もあわせて体験することで、「好き」が研ぎ澄まされていくので

す。

好きなことだけをしていると、深さも幅もどんどん狭まります。

好きな服だけ買っていると、同じものしか着ていないことになるのです。

結局、食わず嫌いのものがたくさんできてしまいます。

好きとか嫌いとかは関係なく、あらゆるものを体験することによって、自分の「好き」はもっときわまっていくのです。

自分を磨く
最高の
ひとり時間
54

「いい、悪い」より、面白がろう。

55

批判より、鑑賞する。

正しいことにこだわると、批判になります。

「なんだろう」と感じて、それを味わうことが鑑賞です。

「今は理解できないけど、これはなんだろう」と考えるのです。

理解できないものも、理解できないまま体験することです。

本も、この本は好き、この本は嫌いではなく、わけのわからない本も一応読んでみます。

「一回読んでみたけど、わけがわからなかった」と思うだけでも、心の殻にはヒビが入っています。

「わけがわからない」「何か怖い」「ザワザワする」という言葉にならない感覚を体験しておくことが大切なのです。

正しいことにこだわらないことで、新しい価値観に出会えるのです。

自分を磨く
最高の
ひとり時間
55

「好き、嫌い」より、「なんだろう」と考えよう。

56

自分の中の「賢明な自分」と対話する。

自立とは、自分の中に「賢明な自分」を持つことです。

「賢明な自分」と「自分」が、これでいいんだろうか、どうだろうかと対話をするのです。

「自分」が「今日は誰とも会わないから、この服装でいいんじゃないの」と言った時に、「賢明な自分」が「いや、そういう時にこそきちんとしよう」と言うのです。

一人で会話できる存在を自分の中に持てるかどうかです。

「賢明な自分」を持つために必要なのが、師匠であり、本です。

「師匠」は直接対面できる師匠です。

「本」は直接対面できない師匠です。

心の中に師匠を持つことで、「賢明な自分」を持つことができます。

一人で会話することが自立心につながるのです。

自分を磨く
最高の
ひとり時間
56

心の中に、師匠を持とう。

57

我を捨てることで、観察できる。

美しさ・面白さ・ワクワク感に気づけることが人生を豊かにします。

観察力のある人は「我」を捨てることのできる人です。

「私が、私が」と言っていると、その場に何か面白いことがあっても見つけられないのです。

我を捨てることは周囲を観察するスパイの心得です。

我を捨てることで、いろんなものを発見したり、そこで何が起こっているかがわかったりします。

「私が、私が」となった瞬間、わからなくなるのです。

電車に乗った瞬間に空いている席を探していたら、そこに知り合いがいても気づきません。

これがエゴです。

「座らなくていい」と思っていると、知り合いに気づいて「こんにちは」と言えるのです。

私は習字を教えています。

私が書いたお手本を一瞬で再現できる人と再現できない人とに分かれます。

再現できる人は、今まで書いていた自分の字を放棄できます。

お手本どおりに書けるのです。

一方で、自分の字を捨てられない人がいます。

それは自分の字にそこそこ自信のある人です。

たしかに字はうまいです。

その人にお手本を書いても、自分の字のままで書いているのです。

これがエゴです。

これで成長が逆転するのです。

せっかく習いに来ているのに、今までの自分の字の書き方を続けてどうするのかという話です。

それは習っているとは言えないのです。

習いごとは、モノマネです。

自分を捨てられるから、モノマネができるのです。

ボイストレーニングで、「そんな声を出したらカッコ悪い」と思った瞬間に、モノマネはできなくなるのです。

自分を磨く
最高の
ひとり時間
57

我を捨てることで、吸収しよう。

58

好きな世界を持つ人は、タイムと順位を聞かない。

マラソン大会に出たという話を聞くと、好きな世界を持たない人は「タイムは何分ですか」と聞きます。

好きな世界を持つ人は「わあ、どんな感じ？」と聞きます。

私はウルトラマラソンに誘われています。

そのウルトラマラソンは100キロです。

42・195キロの倍以上の距離を走るのです。

そういう人に「タイムは何分ですか」とは聞きません。

「100キロって、どんな感じなんですか」という質問になります。

ウルトラマラソンが流行っています。

しかも、年配の人が多いのです。

知り合いに、もともとフルマラソンをしていた人がいます。

70代になって、「体力的に落ちたから100キロに変えるわ」と言いました。

フルマラソンはスピード競争になるので、若い人には勝てません。

ウルトラマラソンなら、なんとかなるのです。

ウルトラマラソンと同時にフルマラソンもやっている大会では、フルマラソンの人が42・195キロでゴールします。

ウルトラマラソンの人は、その後も走ります。

「きついんじゃないですか」と聞いたら、「むしろメチャクチャ元気が出る」と言っていました。

「みんながここでゴールした後も自分は走っている」と思うと元気が出るのです。

この心理が「ひとり時間」の過ごし方です。

「中谷さんも出ませんか。80キロを過ぎると景色がガラリと変わりますよ」と誘われますが、私は皇居1周5キロでヒーヒー言っているレベルです。

ひとり時間には、タイムとか順位の発想はいっさいありません。

これが「ひとり時間」です。

タイムや順位を聞くのは、旅行で「何カ国に行ったんですか」と聞くのと同じなのです。

自分を磨く
最高の
ひとり時間
58

「どんな感じだった?」と聞こう。

59

美しく使うと、美しくなる。

豊かさは、美しさです。

せっかく家の中にいる時は、家の中の生活を豊かにしたいものです。
生活の中で、美しいお皿、美しいお箸、美しい器を使うことが大切です。
だからといって、高いモノを買う必要はまったくありません。
「美しいモノを使う」とは、そのモノを美しく使うということです。
そのためには、お店の人にメンテナンスを教わります。
壊れたら新しいモノを買うということではないのです。

たとえば、お味噌汁を飲む漆のお椀にヒビが入ったら、お店に持って行って直してもらいます。

これが美しく使うということです。

漆器はメンテしながら使っていると、底艶が出てきて、どんどん味が出てくるのです。

旅先のお店に忘れたハンカチを「捨てておいてください」と言う人は、そのハンカチを愛していません。

お店の人にも「この人は新幹線代を惜しんでハンカチを捨ててしまう人なんだな」と思われます。

たった1枚のハンカチのために新幹線に乗って取りに行くのが、そのモノを愛しているということです。

人と会わなくても、ふだん接しているハンカチ、器、お箸に出会っています。

その出会いに気づくためには、そのモノを美しく使う意識を持てばいいのです。

自分を磨く
最高の
ひとり時間

59

美しく、使おう。

60

手放すことで、幸福感が得られる。

外出自粛期間は、今まであったものが手に入らなくなりました。何かを断念せざるを得なくなったり、何かを売ったり捨てたりしなければいけなくなったのです。

これはモノに関しても仕事に関しても言えることです。

何かを手に入れることで幸せになるというのは幻想です。

何かを手に入れることによって幸せが生まれることはないのです。

お金を手に入れると、一瞬、幸せ感が生まれます。

次の瞬間からデメリットの方が強く出てきます。

お金を手に入れる前にこれが想像できる人とできない人とに分かれます。

「自分はお金を手に入れたことがないから、手に入れてみないとわからない」と言う人がいる一方で、想像でわかる人もいるのです。

「お金を手に入れても幸せは来ないんだな」と想像できるのが感受性の豊かな人です。


手放すことで得られる幸福感もあるのです。

手放せない理由は、みんなが持っていて自分だけ持っていないのがイヤだからです。

この人は「みんな時間」で生きているのです。

時間には「ひとり時間」と「みんな時間」の2つがあります。

「みんな時間」のワク組みの中で生きている人は、みんなが持っているモノを自分が持っていないと不幸せです。

「ひとり時間」で生きている人は、みんなが持っていても自分がいらなければ手放せます。

これで自由を獲得できるのです。

自分を磨く
最高の
ひとり時間
60

手に入れるより、手放そう。

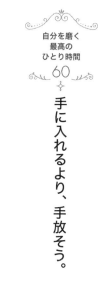

61

休養すると、考えが前向きになる。

ひとりでいる時に、どうしても考え方がネガティブになることがあります。
ネガティブになる理由は、ネガティブな考えが浮ぶからではありません。
前向きなアイデアが浮かばないからです。
アイデアが浮かばない原因は、脳が疲れてくるからです。
ネガティブなことは常にあります。
それを上まわる前向きのアイデアを思いつくためには、脳を休養させればいいのです。
そのためには寝ることです。
「ひとり時間」は寝る時間が与えられています。
「みんな時間」で生きていると、「今日は疲れているから帰って早く寝たい」と言うと、「つきあい悪いな。1件だけつきあいなさいよ」と言われます。
行かないと悪口を言われるから、仕方なくつきあいます。
これで睡眠時間が削られて、脳が疲れてウツになっていきます。
後ろ向きの考え方になってきたら、寝る合図なのです。

自分を磨く
最高の
ひとり時間
61

一人になることで、休養しよう。

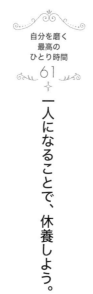

62
一人でいることで、勇気が湧いてくる。

「一人で何かをする」というより、「一人でいること自体」で勇気が湧いてきます。

「Do」ではなく、「Be」です。

一人で何かができるというだけで、その人は人生を1歩踏み出しています。

みんなと同じことをするのをやめることが人生を踏み出すということです。

家庭から学校、学校から会社へと、ずっと集団で動いてきた結果、みんなと同じに動くことが習慣になってしまっています。

そのまま定年を迎えて、そのまま死んでしまう人もいるのです。

それは集団の中で生きていく生き方です。

もう1つの生き方は、自分の人生を生きていく生き方です。

一人になることで、自分の人生を生きることができます。

それがいつになるかです。

「誰かと結婚すれば人生が変わる」という期待が大きすぎると離婚が増えます。

結婚すると、結婚しても人生は変わらないことがわかります。

離婚した瞬間に、その人の人生は開けるのです。

誰かと一緒にいることで自分の人生が変わるのではありません。

一人になることで初めて、一人で生きていかなければならないことに気づきます。

これが「ひとり時間」です。

未婚で一人の人と、離婚して一人の人では、意識がまったく違います。

未婚で一人の人は「結婚したら幸せになる」という幻想を抱いています。

その人は今を楽しめないし、今を否定して生きています。

結婚を1回している人は、結婚は楽しくないことはないけれども、それ以上のものではないことに気づきます。

結婚のメリットも、デメリットも、限界もわかるのです。

結婚を体験したことで、一人でもやっていけることに気づきます。

一人の意味がわかるのです。

サラリーマンから独立した人は、一人が寂しくありません。

サラリーマン組織のしんどさを知っているから、一人の意味を味わえるのです。

学校を出てからずっと一人で働いている人は、「組織にいることは幸せなんだろうな」という幻想を抱いています。

いつまでも組織に希望を持っているのです。

誰かと一緒にいる面倒さを一度体験しておくことで、一人になることの意味がわかります。

「みんなで行こう」と言っているうちは、人生を踏み出していないのです。一人になることは、人生の1歩を踏み出すということなのです。

自分を磨く
最高の
ひとり時間
62

一人になって、1歩踏み出そう。

エピローグ

63

一人でいることで、「あったはずの未来」をつかまえられる。

一人でいると、ヒト・コト・モノのすべてに出会いがあります。

人生と、出会えるのです。

運命の人と出会う時にほかの誰かと一緒にいたら、出会いはなくなります。

「二人でごはん食べに行こう」とはならずに、三人で行くことになるからです。

ここで運命の人との展開がなくなるのです。

面白いものがあって、やってみようと思った時に、友達に「それってどうなの」と言われた時点でできなくなります。

一人なら、ひらめいた時にパッとできます。

連れがいることによって、ひらめきを即行動に移せなくなるのです。

一番痛いのは、「あったはずの未来」をスルーしてしまうことです。

だからといって、友達・親・先生・上司・恋人に対して、「あなたがいたせいで私はこれができなかった」とは言えません。

大切なのは、あったはずの未来を逃さないことです。

あったはずの未来が来なくても、「来なかったこと」に気づきません。

これが一番痛いのです。

未来は無限にあります。

未来のチャンスをつかむためには、「ひとり時間」を持つことが大切です。

「ひとり時間」は、他人に惑わされず、自分の責任で、いろんな勉強と体験ができるチャンスなのです。

自分を磨く
最高の
ひとり時間
63

「あったはずの未来」のために、勉強しよう。

総合法令出版

『「気がきくね」と言われる人の
シンプルな法則』

『伝説のホストに学ぶ82の成功法則』

サンクチュアリ出版

『転職先はわたしの会社』

『壁に当たるのは気モチイイ
人生もエッチも』

WAVE出版

『リアクションを制する者が
20代を制する。』

秀和システム

『人とは違う生き方をしよう。』

河出書房新社

『成功する人は、教わり方が違う。』

二見書房

『「お金持ち」の時間術』【文庫】

ミライカナイブックス

『名前を聞く前に、キスをしよう。』

イースト・プレス

『なぜかモテる人がしている42のこと』
【文庫】

第三文明社

『仕事は、最高に楽しい。』

日本経済新聞出版社

『会社で自由に生きる法』

講談社

『なぜ あの人は強いのか』【文庫】

アクセス・パブリッシング

『大人になってからもう一度受けたい
コミュニケーションの授業』

阪急コミュニケーションズ

『サクセス&ハッピーになる50の方法』

きこ書房

『大人の教科書』

日本実業出版社

『出会いに恵まれる女性がしている
63のこと』

『凛とした女性がしている63のこと』

『一流の人が言わない50のこと』

『一流の男 一流の風格』

現代書林

『チャンスは「ムダなこと」から
生まれる。』

『お金の不安がなくなる60の方法』

『なぜあの人には「大人の色気」が
あるのか』

毎日新聞出版

『あなたのまわりに「いいこと」が起きる
70の言葉』

『なぜあの人は心が折れないのか』

『一流のナンバー2』

ぜんにち出版

『リーダーの条件』

『モテるオヤジの作法2』

『かわいげのある女』

DHC

ポストカード『会う人みんな神さま』

書画集『会う人みんな神さま』

『あと「ひとこと」の英会話』

自由国民社

『「そのうち何か一緒に」を、
卒業しよう。』

『君がイキイキしていると、
僕はうれしい。』

青春出版社

『50代でうまくいく人の無意識の
習慣』

『いくつになっても「求められる人」の
小さな習慣』

ユサブル

『迷った時、「答え」は歴史の中に
ある。』

『1秒で刺さる書き方』

大和出版

『自己演出力』

『一流の準備力』

海竜社

『昨日より強い自分を引き出す
61の方法』

『一流のストレス』

リンデン舎

『状況は、自分が思うほど悪くない。』

『速いミスは、許される。』

文芸社

『全力で、1ミリ進もう。』【文庫】

『贅沢なキスをしよう。』【文庫】

『男は女で修行する。』【文庫】

ぱる出版

『粋な人、野暮な人。』

『品のある稼ぎ方・使い方』

『察する人、間の悪い人。』

『選ばれる人、選ばれない人。』

『一流のウソは、人を幸せにする。』

『なぜ、あの人は「本番」に強いのか』

『セクシーな男、男前な女。』

『運のある人、運のない人』

『器の大きい人、器の小さい人』

『品のある人、品のない人』

学研プラス

『読む本で、人生が変わる。』

『なぜあの人は感じがいいのか。』

『頑張らない人は、うまくいく。』

『見た目を磨く人は、うまくいく【文庫】

『セクシーな人は、うまくいく。』

『片づけられる人は、うまくいく。』【文庫】

『美人力』(ハンディ版)

『怒らない人は、うまくいく。』【文庫】

『すぐやる人は、うまくいく。』【文庫】

ファーストプレス

『「超一流」の会話術』

『「超一流」の分析力』

『「超一流」の構想術』

『「超一流」の整理術』

『「超一流」の時間術』

『「超一流」の行動術』

『「超一流」の勉強法』

『「超一流」の仕事術』

水王舎

『なぜ美術館に通う人は「気品」があるのか。』

『なぜあの人は「美意識」があるのか。』

『なぜあの人は「教養」があるのか。』

『結果を出す人の話し方』

『「人脈」を「お金」にかえる勉強』

『「学び」を「お金」にかえる勉強』

あさ出版

『孤独が人生を豊かにする』

『気まずくならない雑談力』

『「いつまでもクヨクヨしたくない」とき読む本』

『「イライラしてるな」と思ったとき読む本』

『なぜあの人は会話がつづくのか』

すばる舎リンケージ

『仕事が速い人が無意識にしている工夫』

『好かれる人が無意識にしている文章の書き方』

『好かれる人が無意識にしている言葉の選び方』

『好かれる人が無意識にしている気の使い方』

PHP研究所

『自己肯定感が一瞬で上がる63の方法』【文庫】
『定年前に生まれ変わろう』
『なぜあの人は、しなやかで強いのか』
『メンタルが強くなる60のルーティン』
『なぜランチタイムに本を読む人は、成功するのか。』
『中学時代にガンバれる40の言葉』
『中学時代がハッピーになる30のこと』
『もう一度会いたくなる人の聞く力』
『14歳からの人生哲学』
『受験生すぐにできる50のこと』
『高校受験すぐにできる40のこと』
『ほんのささいなことに、恋の幸せがある。』
『高校時代にしておく50のこと』
『お金持ちは、お札の向きがそろっている。』【文庫】
『仕事の極め方』
『中学時代にしておく50のこと』
『たった3分で愛される人になる』文庫
『【図解】「できる人」のスピード整理術』
『【図解】「できる人」の時間活用ノート』
『自分で考える人が成功する』【文庫】
『入社3年目までに勝負がつく77の法則』【文庫】

リベラル社

『新しい仕事術』
『哲学の話』
『1分で伝える力』
『「また会いたい」と思われる人「二度目はない」と思われる人』
『モチベーションの強化書』
『50代がもっともっと楽しくなる方法』
『40代がもっと楽しくなる方法』
『30代が楽しくなる方法』
『チャンスをつかむ 超会話術』
『自分を変える 超時間術』
『問題解決のコツ』
『リーダーの技術』
『一流の話し方』
『一流のお金の生み出し方』
『一流の思考の作り方』

大和書房

『大人の男の身だしなみ』
『今日から「印象美人」』【文庫】
『いい女のしぐさ』【文庫】
『美人は、片づけから。』【文庫】
『いい女の話し方』【文庫】
『「つらいな」と思ったとき読む本』【文庫】
『27歳からのいい女養成講座』【文庫】
『なぜか「HAPPY」な女性の習慣』【文庫】
『なぜか「美人」に見える女性の習慣』【文庫】
『いい女の教科書』【文庫】
『いい女恋愛塾』【文庫】
『「女を楽しませる」ことが男の最高の仕事。』【文庫】
『いい女練習帳』【文庫】

『なぜあの人はストレスに強いのか』
『面白くなければカッコよくない』
『たった一言で生まれ変わる』
『スピード自己実現』
『スピード開運術』
『スピード問題解決』
『スピード危機管理』
『一流の勉強術』
『スピード意識改革』
『お客様のファンになろう』
『20代自分らしく生きる45の方法』
『なぜあの人は問題解決がうまいのか』
『しびれるサービス』
『大人のスピード説得術』
『お客様に学ぶサービス勉強法』
『スピード人脈術』
『スピードサービス』
『スピード成功の方程式』
『スピードリーダーシップ』
『出会いにひとつのムダもない』
『なぜあの人は気がきくのか』
『お客様にしなければならない50のこと』
『大人になる前にしなければならない50のこと』
『なぜあの人はお客さんに好かれるのか』
『会社で教えてくれない50のこと』
『なぜあの人は時間を創り出せるのか』
『なぜあの人は運が強いのか』
『20代でしなければならない50のこと』
『なぜあの人はプレッシャーに強いのか』
『大学時代しなければならない50のこと』
『あなたに起こることはすべて正しい』

きずな出版

『チャンスをつかめる人のビジネスマナー』
『生きる誘惑』
『しがみつかない大人になる63の方法
『「理不尽」が多い人ほど、強くなる。』
『グズグズしない人の61の習慣』
『イライラしない人の63の習慣』
『悩まない人の63の習慣』
『いい女は「涙を背に流し、微笑みを抱く男」とつきあう。』
『ファーストクラスに乗る人の自己投資』
『いい女は「紳士」とつきあう。』
『ファーストクラスに乗る人の発想』
『いい女は「言いなりになりたい男」とつきあう。』
『ファーストクラスに乗る人の人間関係』
『いい女は「変身させてくれる男」とつきあう。』
『ファーストクラスに乗る人の人脈』
『ファーストクラスに乗る人のお金2』
『ファーストクラスに乗る人の仕事』
『ファーストクラスに乗る人の教育』
『ファーストクラスに乗る人の勉強』
『ファーストクラスに乗る人のお金』
『ファーストクラスに乗る人のノート』
『ギリギリセーーフ』

ダイヤモンド社

『60代でしなければならない50のこと』
『面接の達人 バイブル版』
『なぜあの人は感情的にならないのか』
『50代でしなければならない55のこと』
『なぜあの人の話は楽しいのか』
『なぜあの人はすぐやるのか』
『なぜあの人は逆境に強いのか』
『なぜあの人の話に納得してしまうのか［新版］』
『なぜあの人は勉強が続くのか』
『なぜあの人は仕事ができるのか』
『25歳までにしなければならない59のこと』
『なぜあの人は整理がうまいのか』
『なぜあの人はいつもやる気があるのか』
『なぜあのリーダーに人はついていくのか』
『大人のマナー』
『プラス1％の企画力』
『なぜあの人は人前で話すのがうまいのか』
『あなたが「あなた」を超えるとき』
『中谷彰宏金言集』
『こんな上司に叱られたい。』
『フォローの達人』
『「キレない力」を作る50の方法』
『女性に尊敬されるリーダーが、成功する。』
『30代で出会わなければならない50人』
『20代で出会わなければならない50人』
『就活時代しなければならない50のこと』
『あせらず、止まらず、退かず。』
『お客様を育てるサービス』
『あの人の下なら、「やる気」が出る。』
『なくてはならない人になる』
『人のために何ができるか』
『キャパのある人が、成功する。』
『時間をプレゼントする人が、成功する。』
『明日がワクワクする50の方法』
『ターニングポイントに立つ君に』
『空気を読める人が、成功する。』
『整理力を高める50の方法』
『迷いを断ち切る50の方法』
『なぜあの人は10歳若く見えるのか』
『初対面で好かれる60の話し方』
『成功体質になる50の方法』
『運が開ける接客術』
『運のいい人に好かれる50の方法』
『本番力を高める57の方法』
『運が開ける勉強法』
『バランス力のある人が、成功する。』
『ラスト3分に強くなる50の方法』
『逆転力を高める50の方法』
『最初の3年その他大勢から抜け出す50の方法』
『ドタン場に強くなる50の方法』
『アイデアが止まらなくなる50の方法』
『思い出した夢は、実現する。』
『メンタル力で逆転する50の方法』
『自分力を高めるヒント』

本作品は、当文庫のための書き下ろしです。

■本の感想なら、どんなことでも、
あなたからのお手紙をお待ちしております。
僕は、本気で読みます。

中谷彰宏

〒112-0014
東京都文京区関口1-33-4
大和書房　編集部　気付　中谷彰宏 行
＊食品、現金、切手などの同封は、ご遠慮ください。（編集部）

■中谷彰宏＊公式サイト▶https://an-web.com

中谷彰宏は、盲導犬育成事業に賛同し、この本の印税の一部を（公財）日本盲導犬協会に寄付しています。

中谷彰宏（なかたに・あきひろ）
一九五九年四月十四日、大阪府生まれ。早稲田大学第一文学部演劇科卒。博報堂に入社し、CMプランナーとして、テレビ、ラジオ、CMの企画・演出をする。九一年、独立し、㈱中谷彰宏事務所設立。中谷塾を主宰し、全国で講演・ワークショップ活動を行っている。

中谷彰宏公式サイト
https://an-web.com/

だいわ文庫

いい女《おんな》は「ひとり時《じ》間《かん》」で磨《みが》かれる

著者　中谷彰宏《なかたにあきひろ》

二〇二一年三月一五日第一刷発行

発行者　佐藤 靖
発行所　大和《だいわ》書房
東京都文京区関口一―三三―四 〒一一二―〇〇一四
電話 〇三―三二〇三―四五一一

フォーマットデザイン　鈴木成一デザイン室
本文デザイン　CLOVER DESIGN
本文印刷　信毎書籍印刷
カバー印刷　山一印刷
製本　ナショナル製本

ISBN978-4-479-30859-1
乱丁本・落丁本はお取り替えいたします。
http://www.daiwashobo.co.jp

だいわ文庫の好評既刊

＊印は書き下ろし

内藤誼人
こっそり読心術
たった1分のおしゃべりで、あなたがどんな人か当ててみましょう——。会話やしぐさからこっそり気持ちを読み取る心理術のコツ。
680円 113-11 B

大野裕
こころが軽くなる気分転換のコツ
ちょっとした視点の切り替えで沈んだ気持ちが楽になる方法があった！　人間は誰もがありのまま自分らしく前向きに生きていける！
600円 119-1 B

班目健夫
免疫力アップ！「湯たんぽ」で「冷え性」が治る
低体温が万病のもと
つねに手足が冷たい冷え症は病気予備軍！湯たんぽの上手な使い方や冷え症改善のコツが早わかり。春夏秋冬体を温めて病知らず！
648円 129-1 A

中谷彰宏
男は女で修行する。
ビジネス運を上げる60の法則
女は、デキる男を見極める。女は、男の価値を試す。女から学んで、男をあげよう。そうすれば、自然とビジネス運も上がる！
600円 135-1 G

中谷彰宏
いい女練習帳
恋愛運を上げる43の方法
いい女はつまらない男と食事をせず、自分から口説ける。うまくいかない恋に悩むあなたへ、女を磨くための43のアドバイス。
571円 135-2 D

中谷彰宏
「女を楽しませる」ことが男の最高の仕事。
さらにビジネス運を上げる61の法則
デートでは「最後までいったかどうか」より、「楽しませたかどうか」を大切にしよう——。女に学ぶ男を上げるヒントが満載。
600円 135-3 D